포스트모던과 소비 문화로 대표되는 현대 문화는 다원성과 모호함 속에서 '나'의 정체성 위기와 함께 '타자'의 의미에 대한 근본적 질문을 던진다. 현대 문화의 도전에 대한 교회의 응전에 관심을 보여 온 레너드 스윗이 이제는 더욱 근본적인 의미에서 복음적 응답을 제시하였다. '나'의 나뜀과 '타자'를 '이웃'으로 전환케 하는 비결이 '사랑'에 있음을, 또한 '나'와 '너'를 소통케 하는 비결이 '사랑'에 있음을!

- 임성빈, 장신대 교수 · 문화선교연구원장

레너드 스윗 박사의 혜안이 다시 한 번 빛을 발한 수작이다. '나', '너', '사랑한다'를 이처럼 명쾌하게 설명하는 것은 쉽지 않을 것이다. 그의 책은 한번 잡으면 놓기 어려울 정도로 빠져들게 하는 매력이 있다. 이번에도 그가 내놓은 내비게이션을 의지해 '지적 문화 여행'을 떠나는 데 나는 주저함이 없었다.

- 함태경, 국민일보 종교부 차장 · 북경대 정치학 박사

"포스트모던 시대의 독창적인 사상가가 또한 목회자도 될 수 있음을 보여 주는 책이다. 레너드 스윗은 우리에게 어떻게 하면 이 세상에서 사랑의 삶을 살 수 있는지 성찰하게 하되 그 일을 아주 멋지게 해낸다."

- 토니 캠폴로, 「하나님의 시간을 잡으라」 저자, 이스턴 대학교 사회학 교수

"알고 보면 예수님의 가장 단순하고도 가장 기본적인 명령—우리가 서로 사랑해야 한다는—은 삶으로 실천하기에 가장 어려운 것이다. 레너드 스윗의 책이 큰 도움이 된다. '나는 너를 사랑한다'는 말을 그 진의를 더 잘 알고서 말할 뿐 아니라 또한 더 깊은 성품과 의도로 그 말대로 살도록 우리를 이끌어 주는 책이다."

- 루스 헤일리 바턴, 「영적 성장을 위한 발돋움」 저자

"진부한 노랫말이지만 세상에 '사랑 달콤한 사랑'이 필요한 것은 사실이다. 다만 우리에게 필요한 사랑은 예수님이 말씀하신 그 사랑이다. 레너드 스윗은 진부한 상투어를 버리고 사랑을 실체가 되게 하는 법을 보여 준다."

- 댄 킴벌, 「시대를 리드하는 교회」 저자

"이 책에서 레너드 스윗은 기독교의 깊이를 재면서 하나님의 이야기, 사랑이 풍성한 그 이야기의 풍성함을 탐색한다. 늘 그렇듯이 스윗의 작품은 깊은 생각을 자아내며 통찰력이 있다. 포스트모던 사상가라면 누구나 꼭 읽어야 할 책이다."

- 마가렛 파인버그, 「하나님의 속삭임」 저자

가장 고귀한 세 단어
I Love You

레너드 스윗

IVP

한국기독학생회(IVF : InterVarsity Christian Fellowship)는
'캠퍼스와 세상 속의 하나님 나라 운동'을 비전으로
'캠퍼스 복음화, 기독 학사 운동, 세계 선교'를 사명으로 삼고 있는
초교파적, 복음적인 신앙 운동체입니다.

IVF는 전국 각 대학에서 활동하고 있으며
이에 대한 자세한 사항은
IVF 홈페이지 www.ivf.or.kr
(전화 02-333-7363)로 문의해 주시기 바랍니다.

IVP는 InterVarsity Press의 약어로
한국기독학생회(IVF)의 출판부를 뜻합니다.

본서의 전부 혹은 일부는 서면 인가 없이 복사
(프린트·제록스·마스터·사진 및 기타)할 수 없습니다.

Originally published by Waterbrook Press
as *The Three Hardest Words* by Leonard Sweet
ⓒ2006 by Leonard I. Sweet
Used and translated by the permission of Waterbrook Press.
through the arrangement of KCBS Literary Agency, Seoul, Korea.

Korean editionⓒ2009 by Korea InterVarsity Press
352-18 Seoukyo-Dong, Mapo-Gu, Seoul 121-837, Korea.

후원자이자 파트너이며
하나님 임재에 동참하여 그것을 퍼뜨리는 사람인
린과 짐 케이터슨에게.

 차례

감사의 말   9

한국어판 서문   13

머리말: 삼박자 인생   15

제1부 우주의 사랑 이야기

1. 삶과 생활양식의 차이   27
   : 삶의 의미가 달라졌다

2. 죽음의 양식이 되어 버린 생활양식   39
   : 만유의 통일 이론인 하나님의 이야기

3. 생명을 낳는 임재   59
   : 기만적으로 단순한 하나님의 내러티브

제2부 "나는 너를 사랑한다" 이야기

4. '나는': 새로운 정체성   75

5. '사랑한다': 새로운 성품   105

6. '너를': 새로운 친밀함   133

부록: 다양한 증거   161

주   181

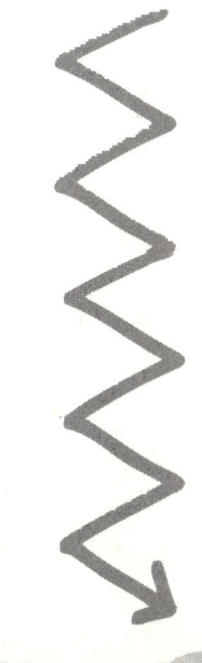

감사의 말

이 책은 제목 값을 톡톡히 했다. 이 세 단어는 가장 바로 알기 어려운 단어일 뿐 아니라 내가 책을 쓰기에 가장 어려운 단어이기도 했다. 워터브룩(Waterbrook)의 편집자 론 리가 아니었다면 이 책은 차고에서 나오지 못했을 것이다. 내가 시동이 안 걸리면 그가 밀어 주었고, 기름이 떨어지면 다시 넣어 주었고, 고장 나면 견인해 주었다. 론과 함께 일해 본 저자라면 누구라도, 최고의 편집자가 있는 워터브룩에 나만큼이나 감사할 것이다.

내 연구 조수 베티 오브라이언(Betty O'Brien)은 괴력을 발휘하여 론에게 이 책을 준비해 주었다. 사도 바울은 "그리스도의 사랑이 [나]를 강권"[1]한다는 말을 즐겨했다. 그러나 내 경우에는 그리스도의 사랑이 나를 강권하는 것 못지않게 혼란에 빠뜨리곤 했다. 내가 여러 상태의 혼란에 빠져 있을 때면 베티가 침착성을 잃지 않고 나로 정진하게 해주었다. 그녀의 우정은 내 생의 가장 큰 축복 가운데 하나다.

이 책은 대부분 여행 중에 썼다. 세계 여행의 떨어지는 질에 낙심되기 시작할라치면 나는 지금보다 더 불편하고 위험하고 시간이 엄청나게 걸렸던 고대의 세계 여행을 생각한다. 나는 줄리어스 시저가 장기간 알프스를 넘으면서 어떻게 책을 썼는지는 모르지만, 드류 대학교의 두 대학원생 러스 윌즈와 캐런 와이즈먼의 도움이 없었다면 이 책을 쓸 수 없었다는 것은 안다.

원고의 첫 검토는 조지 폭스 대학교의 목회학 박사과정 학생들에게 부탁했다. 데니스 벨, 브라이언 벤저민, 헨리 버그, 로널드 카워드, 존 프랭크, 그레그 글래츠, 랜덜 그로브즈, 조셉 카시오, 케리 맥로버츠, 퀸틴 모어, 패트릭 머룽가, 패트리샤 오스카슨, 라즈 루드, 브라이언 로스, 크리스틴 루시, 대니얼 스타이거월드, 제프리 태클린드, 푸리 밴 덴 버그, 제이콥 유먼즈에게 감사한다.

"그는 삶의 요령이 별로 없었다. 삶은 글쓰기의 구실이 되었다." 언젠가 한 친구가 리처드 예이츠(Richard Yates)에 대해서 한 말이다. 삶은 '물건'을 소비하는 일이나 출세 사다리를 오르는 일이나 기타 오만가지 일의 구실이 될 수도 있다. 그러나 내가 느끼는 유혹은 분명히 예이츠 쪽이다. 내 '구실들'에 이의를 다는 우리 가족들(엘리자베스, 렌 주니어, 저스틴, 데인, 소렌, 에절)이 없다면, 나는 하나님이 어느 날 "스윗, 너는 책을 몇 권이나 썼느냐?"라고 묻지 않으시리라는 것을 계속 잊어버릴 것이다. 사실 내게 고린도후서 5:14의 「메시지」 버전을 삶에 옮기도록 가르쳐 준 것은 우리 가족들의 사랑과 용서다. "그리스도의 사랑이 나를 이런 극단으로 몰아갔다. 그분의 사랑은 우리가 하는 모든 일의 처음이자 마지막이다."

짐과 린 케이터슨은 처음으로 내 사역을 믿어 주고, 사역을 위해 내 팔을 들어 올려 준 사람들 가운데 둘이다. 지금까지 내 삶에서 그들은 진정한 바나바 부대였고 확실한 아론과 훌이었다.[2] 그들에게 이 책을 바친다. 그들이 하는 모든 일은 "나는 너를 사랑한다"의 성육신이다.

한국어판 서문
거미와 해와 별들

옛날에 똑똑한 거미 한 마리가 살고 있었다. 거미는 예쁜 무늬로 훌륭한 거미줄을 쳤다. 고상한 예술 작품이었다. 얼마나 멋지게 짰던지 온 사방의 거미들이 구경을 하러 왔다. 거미줄은 절반을 접으면 양쪽이 꼭 포개질 정도로 균형을 이루었다. 완벽한 짝이었다.

물론 거미는 자신의 작품에 아주 흡족해했다. 그날 아침에도 거미는 여기저기 매듭을 조이기도 하고 실밥을 풀기도 하면서 여느 때처럼 거미줄을 시찰했다. 모두 이상이 없는 듯했으나 문득 정체 모를 실 한 올이 눈에 띄었다. 이건 뭐지? 어디서 온 거지? 실 가닥은 아주 길었고 따로 노는 것 같았다. 균형을 깨뜨렸다.

"쓸데없는 거잖아?" 거미는 그런 생각에 그 줄을 끊어 버렸고, 그러자 거미줄 전체가 푹 꺼지면서 거미는 곤두박질치고 말았다.

예쁜 무늬의 거미집을 하나로 이어 주던 꼭 필요한 실 한 올, 거미의 온 세상이 달려 있던 그 실 가닥이 끊어졌다. 단절된 것이다. 이 책에 말하려 했듯이, 연결과 소통이 열쇠인 것은 거미의 삶만이 아니다. 사도 바울은 우리의 온 세상이 "이 세 가지"에 달려 있다고 했으니 곧 믿음과 소망과 사랑이라는 실이다. 그리고 이 실들 중에 제일은 사랑이다.

나는 지금 한국어판을 위해 이 글을 쓰고 있지만, 내가 바라보는 현상은 비단 한국 문화에만 아니라 온 세상에 다 존재한다. 이전 어느 때보다 더 우리가 상기해야 할 것이 있다. 부자와 가난한 자, 고용인과 피고용인, 배운 자와 못 배운 자, 진보와 보수, 동양과 서양 할 것 없이 우리를 서로 이어 주는 실은 사랑이다. 서로 잘라내고 단절되려 하면 세상이라는 거미집이 푹 꺼져 우리도 그 거미처럼 곤두박질치고 만다.

세상에서 가장 바로 알기 어려운 세 단어는 "나는 너를 사랑한다"이다. 그런데 우리는 "나"라는 단어밖에 말할 줄 모르는 것 같다. "사랑"이라는 단어는 우리에게 동사가 아니라 명사가 되어 버렸다(우리는 사랑과 사랑에 빠졌다). 그리고 "너"는 우리가 말할 줄 모르는 단어가 되어 버린 것 같다. 개체이면서 부분이고 떨어져 있으면서 이어져 있는 "나"와 "너"라는 두 단어의 연결이야말로 인생의 핵심 질문일 것이다. 인간 각자는 별개의 행성이지만 동일한 우주 안에 있다. 인각 각자는 단 하나뿐인 독창적인 물결이지만 하나의 바다에 있다. "사랑"이라는 단어가 "나"와 "너", 개인과 공동체를 연결시키는 방식이 곧 기독교의 핵심 질문일 것이다.

그리고 예수님이 그 질문에 주신 답은 이것이다. 하나님의 마음은 분노나 심판이나 형벌이 아니라 불변의 사랑, "해와 별들을 움직이는 사랑"(단테의 「신곡」의 마지막 대사)이다.

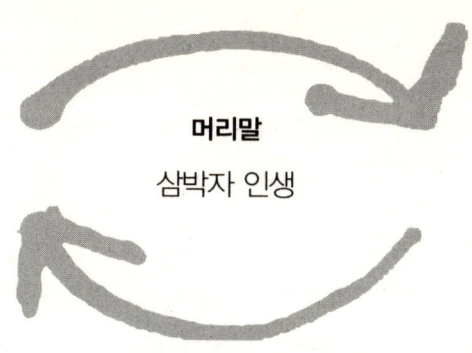

머리말
삼박자 인생

인생의 끝이 가까워오면 사람들이 가장 듣고 싶어 하는 네 마디 말이 있다. 헤아릴 수 없이 많은 환자들의 죽어가는 침상을 지켰던 한 의사에 따르면 그들이 가장 갈망하는 말들은 다음과 같다.

- "보고 싶을 겁니다."
- "고맙습니다."
- "용서합니다."
- "사랑합니다."

그러나 이 중에 한마디만 들을 수 있다면 그들은 "사랑합니다"를 택할 것이다.

이 책은 인생의 가장 어려운 세 단어가 모여서 된 그 말("나는 너를 사랑한다")의 일상적인 실천을 탐색한 것이다. 간단하면서도 가장 바로 알기 어려운 단어들, '나는' '너를' '사랑한다.'

모두가 가장 듣기 원하는 그 말이 왜 이리도 바로 알기 어려운 것일까?

첫째, 흔히들 그 말에 기름칠을 잔뜩 해서 어쭙잖게 쓰다 보니, 세 단어 모두 미끌미끌해져서 손에 잡히지 않게 되었다.

둘째, 세 단어가 가하는 압력에 눌려 인간의 언어가 무너지고 있다.

셋째, 세 단어 모두 성경적인 생활양식에 필수이지만, 말로만 '생활양식'이라고 하면서 죽음의 양식을 내놓는 문화 때문에 셋 다 변질되었다. 신과 인간의 관계는 이 세 단어에 달려 있다. 즉, 유사 이래 최고의 연인인 예수 그리스도께서 오심으로 역사 속에 침투해 들어온 새로운 정체성, 새로운 성품, 새로운 친밀함에 달려 있는 것이다. 예수님은 우리에게 인간으로 존재하는 새로운 길을 주셨다. 그분의 임재 안에서 살아감으로써 이제 우리에게는 '이 세 가지'가 있다.

1. 새로운 정체성인 '나'.
2. 새로운 성품인 '사랑'.
3. 새로운 친밀함인 '너'.

정체성과 성품과 친밀함이 없으면 삶은 진정 삶이 아니다. 사실 삶은 죽음이다.

예수님은 우리로, 하나님이 던지신 첫 질문 중 두 가지에 바르게 답하게 하시려고 오셨다. 창세기 서두에서 하나님은 이런 질문을 하셨다.

- "네가 어디 있느냐?"[1] 아담과 하와에게 하신 이 질문은 가장 보편적인 실존의 물음이다. 도대체 너는 어디 있느냐? 세상 속에서 너는 어

디 있느냐? 나는 이것을 정체성에 대한 질문이라고 하겠다.

- "네 아우가 어디 있느냐?"² "내가 내 아우를 지키는 자니이까"라는 대답 속에 우리의 죄와 수치가 메아리 친다. 가인이 깨달은 것처럼 이 질문은 사실상 두 개의 질문이 하나에 싸인 것인데, 나는 이것을 성품과 친밀함에 대한 질문이라고 하겠다.

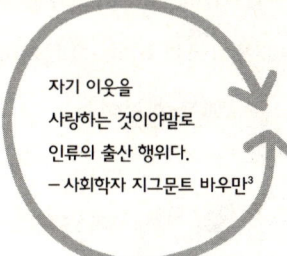

자기 이웃을
사랑하는 것이야말로
인류의 출산 행위다.
— 사회학자 지그문트 바우만³

♡ ♥ '이 세 가지'

"나는 너를 사랑한다"는 말의 일부 마력은 각 단어에만 있는 것이 아니라 단어가 셋이라는 점에도 있다. '이 세 가지'는 신약성경에 쉬지 않고 나오는 문구인데 그럴 만한 이유가 있다. 그리스도인에게는 모든 것이 셋으로 된다. 넷이 아니라 셋이다. 하나님 나라는 삼박자 공동체다. 기독교는 입체파 영성이다.

삶은 셋으로 움직인다. 나쁜 소식과 기쁜 소식은 셋씩 뭉쳐 다닌다. 사랑은 3종 세트로 온다.

그러므로 너희는 가서
모든 족속으로 제자를 삼아
아버지와 아들과 성령의
이름으로 세례를 주고.
— 마태복음 28:19

유대-기독교 역사에서 3은 가장 신성한 숫자다. 3은 연합, 완성, 완결의 상징이다. 기도 시간은 하루 세 번이었다.⁴ 성소는 셋으로 구분되었다.⁵ 성막과 성전 모두 세 부분으로 이루어졌고, 지성소는 세 변의 길이가 똑같은 입방체였다. 마므레 상수리 수풀의 아브라함과 사라에게 세 천사가 나타났는데,⁶ 이는 '세 인격

안의 한 하나님'이신 복되신 삼위일체에 대한 첫 번째 예조다. 요나는 사흘 낮 사흘 밤을 큰 물고기 뱃속에 갇혀 있었다.[7] 로레인 키슬리(Lorraine Kisly)의 서정적인 주기도문 탐구를 보면, 3은 주기도문의 유기적인 틀이다. 그녀가 원어를 직역한 것을 보면 주기도문은 일상생활의 행동 계획이다.

> 오소서, 당신의 나라가
> 이루어지소서, 당신의 뜻이…
> 나타나소서, 당신의 영광이.[8]

> 세상[또는 시대]은 토라와 [성전] 예배와 인자를 베푸는 행위, 이 세 가지 위에 서 있다.
> – 정의의 시므온
> (주전 약 350–200년경)[9]

3은 생존의 숫자이기도 하다. 인간은 피가 없이는 3초, 공기가 없이는 3분, 물이 없이는 3일, 음식이 없이는 3주밖에 견딜 수 없다. 예수님은 딱 한 사람에게만 "네가 나를 사랑하느냐"고 물으셨다. 그런데 그분은 아침식사 자리에서 그에게 세 번 물으셨다. 똑같은 질문에 답할 기회를 베드로에게 세 번 주신 것이다. 대답을 세 번 되풀이하게 하심으로써 예수님은 베드로가 확실히 알아듣게 하셨다.

3은 나쁜 것이 좋아지는 숫자다. 지금의 상태가 아무리 나빠도, 당신에게 문제가 아무리 많아 보여도, 어떤 극단적인 행동을 취하기 전에 "사흘만 기다리라." 세계 역사상 최악의 날(성 금요일)이 세계 역사상 최고의 날(부활절)로 바뀌는 데 걸린 시간이 사흘이다.

3은 리더십의 숫자다. 순교자와 지도자의 거리는? 세 발짝이다. 이 끄는 자리는 피 흘리는 자리에서 세 걸음 뒤에 있다. 셋이라는 기준선은 이상한 혼자가 너무도 많음을 우리에게 일깨워 준다. 옛말에 "자기는 이끄는 줄 아는데 따르는 자가 없다면 그것은 산책일 뿐이다"[10]라고 했다. 리더십은 인도자와 추종자와 조직, 이 세 가지 힘의 융합

> 거룩하다, 거룩하다, 거룩하다,
> 주 하나님 곧 전능하신 이여, 전에도 계셨고 이제도 계시고 장차 오실 자라.
> – 요한계시록 4:8

이다. 지도자에게는 세 명의 막역지우요 동지인 측근이 필요하다. 예수님께도 '삼인방', 즉 '고급반' 제자인 베드로와 야고보와 요한이 있었다. 세 개의 내러티브—지도자 이야기, 공동체 이야기, 문맥상 이야기—를 하나로 모은 것이 리더십 이야기다.

3은 완성의 숫자다.
- 삼단논법(칸트).
- 역사의 세 변증법(헤겔).
- 물질의 세 가지 상태: 고체, 액체, 기체.
- 사고의 세 종류: 연속, 연상, 통합.
- 자아의 세 차원: 자아(ego), 원초아(id), 초자아(superego).
- 세 언약: 제1언약(구약), 제2언약(신약), 제3언약(예수님의 제자로서의 당신의 삶, 제5복음으로서의 당신의 삶).
- 존재의 세 가지 초월적 개념: 진, 선, 미.

하나님의 형상대로 지음 받은 인간도 몸, 혼, 영의 삼위일체다! 전체

의 지혜는 세 가지 모두가 함께 조화롭게 작용할 때 이루어진다.

세 가지 잘못된 점을 알기 전에는 절대로 골동품을 사지 말라. 그것으로 고색이 입증되어 '완벽한 골동품'이 된다. 최고의 흠마저도 셋으로 온다.

더할 나위 없는 하루를 원하는가? 3퍼센트 법칙을 잊지 말라. 인구의 3퍼센트는 완전히 머리가 돈 사람, 철저한 미치광이, 심지어 반사회적 이상성격자다. 다시 말해서, 당신이 날마다 만나는 사람들의 3퍼센트는 실성한 사람들이다. 3퍼센트로 나머지 97퍼센트를 판단하거나 3퍼센트 때문에 하루를 망쳐서는 안 된다. 대부분의 중대 범죄는 극소수의 사람들이 저지른다. 예컨대 미국 인구 약 2억 9천 6백만 중에서 5만 명 정도가 모든 강도죄의 90%를 범한다.[11] 천성이 악한 사람들이 있다. 아니, 나머지 우리들보다 악하다고 말하는 것이 더 옳으리라.

선지자, 제사장, 왕이라는 그리스도의 세 가지 직분은 그분이 완전하심을 보여 준다. 예수님은 "기록되었으되"라는 말씀을 세 번 사용하여 유혹에 완승을 거두셨다! 성부 하나님은 하늘에서 세 번 말씀하셔서, 세상에서 하나님의 사명을 수행하시는 아들의 순종과 온전하심에 대한 자신의 더할 나위 없는 기쁨을 나타내셨다.[12]

저자이자 리더십 자문역인 로버트 데일(Robert Dale)은 이야기꾼들이 어떻게 자신의 표현으로 '셋의 법칙'을 사용하여 "대대로 우리에게 이야기와 진실을 전개하는지" 이렇게 기술한다.

우리는 성경에서 이런 틀을 본다. 아브라함과 이삭과 야곱. 아버지와 아들과 성령. 탕자와 기다리는 아버지와 불행한 형…. 여리고로 가는 길의 제사장과

레위인과 선한 사마리아인…. 동일한 삼중 장치는 세상의 이야기, 광고, 세계사에도 흔히 등장한다. 톰과 딕과 해리('너 나 할 것 없이 아무나'라는 뜻—역주). 아기 돼지 세 마리. 눈먼 생쥐 세 마리. 세 바보 이야기. 소·중·대. 스냅 크래클 팝(켈로그 시리얼의 세 만화 요정의 의성어 이름—역주), 빨강·노랑·초록 신호등, 착한 놈 나쁜 놈 못난 놈(영화 "석양의 무법자"의 원제—역주). 시저가 폰토스 전투 끝에 알린 "왔노라, 보았노라, 이겼노라." 시작과 중간과 끝.[13]

3은 관계의 숫자다. 규모 축소의 원조인 헨리 데이비드 소로우(Henry David Thoreau)는 자기에게 있는 의자는 "고독을 위한 것 하나, 친구를 위한 것 하나, 사교를 위한 것 하나"[14] 이렇게 셋뿐이라고 했다. 사도행전 26:9에서 바울은 자신이 "스스로 생각"했음을 인정하면서 혼자는 너무 작은 '위원회'임을 깨달았다. 그는 "나도 나사렛 예수의 이름을 대적하여 범사를 행하여야 될 줄 스스로 생각"[15]했었다고 설명한다. 나 혼자서는 나 자신을 알 수 없다. 하나를 알려면 셋이 있어야 한다.

3은 신비한 곱셈의 숫자다.
- 3 곱하기 3은 천군의 아홉 가지 등급인 치천사, 지천사, 좌천사, 주천사, 역천사, 능천사, 권천사, 대천사, 천사를 보여 준다.
- 3 곱하기 3개월인 90일은 웬만한 스포츠 시즌의 기간에 얼추 해당한다. 90일은 무언가를 새로 시작하거나 도로 중단하는 데 걸리는 시간이다.
- 3 곱하기 한 세대(40년)인 120년은 인간의 최대치 수명이다.[16] 하나님은 원래 인간의 몸을, 따로 연장시키지 않는 한 120년을 가도록 설

계하셨다.

- 3 곱하기 10인 30은 유기체 세포의 최대 수치다. 이 숫자를 넘어가면 그룹은 관계에서 형식으로, 유기체에서 기관으로 변한다.
- 3 곱하기 100인 300은 한 목사가 인격적으로 돌볼 수 있는 교회의 최대 규모다. 기드온이 직접 깨달았듯이 삼백 장벽은 '회중' 교회의 보이지 않는 최대 한도다.

굳이 곱셈을 하지 않더라도 3의 의미와 영향력은 굉장하다. 그리스도는 제3시에 십자가에 못박히셨다. 그분의 머리 위에 달린 죄패는 3개 국어로 쓰였는데, 이는 인류가 그리스도를 범세계적으로 완전히 거부했다는 의미다. 사흘째 되는 날 그분은 죽은 자 가운데서 살아나셨다.

예수님이 죽은 자 가운데서 살리신 사람은 야이로의 딸, 과부의 아들, 나사로 이렇게 셋이었다. 인간 실존의 세 단계 모두에서, 예수님은 생명을 주시는 자신의 신적인 능력을 행사하신 것이다. 제1세대인 야이로의 딸은 아직 열두 살 소녀였고, 제2세대인 나인 성 과부의 아들은 성년의 젊은이였고, 제3세대인 나사로는 장성한 중년이었다.

교회는 셋의 공동체다. 모든 관계, 모든 교류, 모든 기도, 모든 결정이 셋의 능력으로 수행되는 곳이다. 그리고 셋의 능력은 "나는 너를 사랑한다"는 사랑의 세 단어로 가장 잘 표현된다. 이 말은 세상에서 가장 바로 알기 어려운 말이다. 이 세 단어를 잘못 알면 우리는 복음의 놀라운 '광대함'을 '덜 알고'[로널드 롤하이저(Ronald Rolheiser)의 말을 빌리자면] '덜 사는'[월터 브루그만(Walter Brueggemann)의 말을 빌리자면] 죄를 짓게 된다.[17]

이 세 단어를 바로 알면 당신이 하는 일마다 세 곱의 능력을 입게 된다. 이 세 단어의 능력을 끌어다 쓰면, 우주의 비밀들을 막고 있는 장벽들이 열리기 시작한다. 단, 먼저 사랑의 이야기를 바로 알지 않고서는 우리는 절대로 "나는 너를 사랑한다"를 바로 알 수 없다. 바른 사랑 이야기가 없이는 "나는 너를 사랑한다"의 진정한 정체성, 성품, 친밀함 속에서 살아갈 희망도 없다.

제1부
우주의 사랑 이야기

1장
삶과 생활양식의 차이
: 삶의 의미가 달라졌다

> 인생길에서는 전진하지 않는 것이 곧 퇴보다.
> 존재하는 어떤 것도 부동 상태로 있지 않기 때문이다.
> — 성 베르나르

지금까지 우리를 둘러싼 사방에 새로운 삶의 방식이 계속해서 등장했다. 아이러니는, 그것이 실은 새로운 죽음의 방식이라는 것이다. 이렇듯 새로운 삶의 방식은 거꾸로 탄생하고 있다.

이것은 무슨 의미인가? 모든 시대는 가능성을 잉태하고 있다. 그러나 잉태를 넘어서 보육에까지 이르는 시대는 얼마 안 된다. 그러한 중대한 시기들은, 세상에서 살고 기동하고 존재하는 새로운 양식들을 낳는다.[1] 1960년대 중반 이후로 호모 포스트모던(*homo postmodern*)이라는 신종 인류가 등장했다. 영국의 시인 필립 라킨(Philip Larkin, 1922-1985)이 옳았다. 세상은 1963년에 「채털리 부인의 사랑」 판금(販禁)의 종결과 비틀즈의 첫 레코드 사이에서"[2] 정말 변했다. 비틀즈의 1집 앨범을 보거나 1963년의 엘비스 영화를 아무거나 보라. 그 순간 이후로, 음악적 취향이든 형이상학적 진리든, 규범을 세우려는 모든 시도는 철학적·문화적 조롱을 사도록 운명 지어졌다.³

> 내 생각에, 우리 사회의 많은 것들이 말로 의사소통하는 쪽에서 내가 이해하지 못하는 방식 쪽으로, 시각적인 쪽으로 옮겨가고 있다. 그중에는, 내가 아주 좋게 생각하는 것도 있지만 그것은 내가 모르는 세계다.
> ─ 캐나다 시인 마가렛 에이비슨(1918년 태생)⁴

우리는 대개 출생을 희망과 연결시킨다. 그러나 우리의 현시대에 탄생하고 있는 새로운 '삶'의 양식들로부터 우리는 어떤 결론을 내릴 것인가? "지옥의 묵시록"이라는 제목(원제는 Apocalypse Now)은 월남전에 대한 영화로 가장 잘 알려져 있다. 그러나 그것은 우리가 살고 있는 이 시대에 더 잘 맞는 이름이다. 여기 묵시라는 단어는 문자적으로 '숨어 있던 것을 벗김, 계시'라는 뜻이다. 그러나 뉘앙스를 더 살려서 이해하면, 이 단어의 의미는 '세상의 종말'이라기보다는 '우리가 알던 세상의 종말' 그리고 인간 실존의 전혀 새로운 세상의 시작이다.⁵ 삶 그리고 익숙한 삶의 방식들은─심지어 우리가 흔히 삶과 생활양식에 연결시키는 의미마저도─더 이상 기존의 규범을 고수하지 않는다. 삶의 의미가 이전과 달라졌다.

사회의 모든 기관은 대대적인 구조조정, 탈태, 방향 전환을 겪고 있다.⁶ 이것이 사실인지 의심스럽거든 여기 당장 두 가지 예가 있다. 당신이 어렸을 때 다녔던 교회─교회를 다녔다면─는 오늘의 일상생활 경험과 완전히 조화롭지 못한 상태일 것이다. 그때 당신이 속했던 교회가 탈태와 방향 전환을 거부했다면, 실제로 그 교회는 이미 제 구실을 못하고 있거나 퇴출되었을 것이다. 20세기를 자신 있게 '기독교 세기'로 명명했던 20세기 초의 활동적인 주류 교회들은 이제 수리 공장에 들어갔거나 무용지물이 되었다.⁷ '토요일 밤 라이브'의 무언의 메아리는 '일요일 아침의 죽음'이다.

두 번째 예로, 당신이 오늘 일하는 방식을 생각해 보라. 지난 30년 동안 이전 그대로인 일터는 하나도 없다.

• 1993년 빌 클린턴이 대통령이 될 때만 해도 월드와이드웹이 자랑하던 사이트는 50개에 불과했다.⁸

• 오늘, 인터넷과 끊어지면 당신은 마치 사랑하는 사람의 생명 유지 장치를 방금 막 떼어낸 기분일 것이다.

• 지금 중국은 인터넷 사용자가 다른 어느 나라보다 많다.⁹ 한국은 총가구의 4분의 3이 고속 인터넷 연결을 자랑하고 있으나 미국 가구는 18퍼센트뿐이다.¹⁰

• 세계 경제의 '중국화' 속에서 중국의 생산성은 유럽 주요 국가들보다 20퍼센트 가까이 높고 미국과는 거의 맞먹는다. 이제 중국은 세계 시멘트의 40퍼센트, 세계 석탄의 3분의 1, 세계 철강의 4분의 1을 소비하고 있다.

• 내가 사용했던 첫 컴퓨터는 상자가 아니라 방이었다. 2015년이면 나노 분자들로 구성된 새 컴퓨터 기억 장치가 요요만 한 크기의 기계 안에 국회도서관의 전체 장서를 디지털 포맷으로 담게 된다.

• 요즘 델(Dell) 컴퓨터를 사면, 아마도 그것은 전 세계 각국 여러 회사에서 배송된 부품들을 페덱스(FedEx) 직원들이 당신 집 근처의 공항에서 조립한 제품일 것이다. 델 회사 자체는 당신의 문간에 도착하는

물건에 손도 대지 않는다.

• 우리가 사는 옷들은 중국에서 오고, 자동차는 일본에서 오고, 과일과 채소는 남미에서 오고, 사치품은 유럽에서 온다. 기술 지원을 받으려고 전화를 걸면 전화선 저쪽의 사람은 인디애나보다는 인도에 있을 소지가 높다.[11]

• 성인 노동 인구의 최소 5분의 1이 매주 최소 하루는 집에서나 이동 중에나 원격근무 센터나 위성 사무실에서 일한다.[12] 이런 수치는 급격히 높아지는 추세다.

• 1960년만 해도 20세에서 24세 사이의 미국 여성 중 70퍼센트가 기혼자였다. 2000년에는 그 수치가 27퍼센트로 떨어졌다.[13]

• 1970년에 천주교회를 제외한 미국의 대형교회는 열 개뿐이었다. 2004년에는 835개였으며 지금도 계속 늘어나고 있다.[14]

> 한 곳을 이해하면 다른 곳들도 더 잘 이해할 수 있다.
> — 소설가 유도라 웰티[15]

당신이 태어날 시대를 선택할 수 있다면 당신은 어느 시대를 택하겠는가? 우리가 예수님의 발 아래 앉거나 마르틴 루터의 식탁에서 신학을 논하거나 수잔나 웨슬리의 신앙으로 양육을 받거나 마틴 루터 킹 주니어와 함께 셀마(Selma) 거리를 행진하거나 테레사 수녀와 캘커타 거리를 동행하기를 아무리 간절히 원할지라도, 우리는 21세기를 선택하는 것 외에는, 그리고 그 한복판에서 증거하라고 부름 받을 때 물러나지 않는 것 외에는, 다른 도리가 없다. 섭리의 손길이 우리를 우리가 가장 필요한 곳에 두셨다.

향후 30년은 인류 역사상 가장 획기적인 시대가 될 것이다. 지금 탄생하고 있는 부류의 세상이 우리에게—내가 어디서 와서 어디로 가고 있는지 이해하는 우리의 시각에—달려 있기 때문이다. 교회는 이런 시대에 어떻게 반응할 것인가? 교회는 이런 시대를 어떻게 이끌 것인가? 어떻게 우리는 교회가 정상 시력을, 나아가 그 이상을 갖추도록 도울 수 있는가? 하나님의 음성을 듣고 그분이 하고 계신 일을 보고 거기에 동참하는 것은 앞으로 우리—개인적·집단적으로, 지도자·따르는 자로서—에게 달린 일이다.

여기서 핵심 단어는 '가입'이 아니라 '동참'이다. 이것은 단지 교회에 '가입하는' 문제 이상이다. 이것은 교회가 하고 있는 일에 사람들이 가입하도록 결심하게 하는 것이 아니다. 이것은 하나님이 이미 하고 계시는 일에 사람들을 동참시키는 것이다.[16] 성경은 우리가 해야 할 일에 관한 책이라기보다는, 하나님이 이미 해 오셨고 지금도 하고 계신 일 그리고 우리가 하나님의 '행하심'에 동참할 수 있는 길에 관한 책이다. 우리는 자신을 너무 심각하게 여기지 않으면서도 하나님의 사명을 아주 심각하게 여길 준비가 되어 있는가?

진주만의 역사를 기록한 한 책의 제목은「우리가 자고 있던 새벽에」(*At Dawn We Slept*)였다.[17] 우리도 미래에의 불참자로 불릴 일이 없기를 바란다.

♡♥ 방 안의 코끼리

아마 '우리가 알던 세상의 종말'의 결정적인 특징은 소위 '메타내러티브의 죽음'일 것이다. 포스트모더니즘의 모든 담론 속에서 그것은 잔

치석상의 유령이요 방 안의 코끼리다. 아무도 그것을 완전히 피할 수 없는데도, 그것을 모두 인정하려는 사람 또한 아무도 없다.

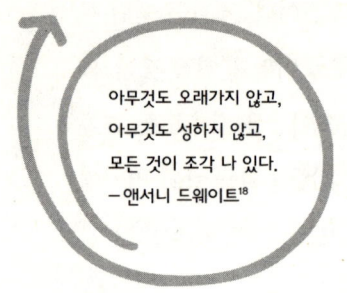

아무것도 오래가지 않고,
아무것도 성하지 않고,
모든 것이 조각 나 있다.
—앤서니 드웨이트[18]

메타내러티브라는 말을 수용하는 것이 꼭 당신 자녀의 이름을 에볼라, 에콜리, 오사마라고 지어 주는 것과 같이 되었다. 메타내러티브의 개념이 어디가 어때서 이토록 많은 사람들에게 이토록 많은 문제가 되는 것인가?

메타내러티브란 문자적으로 주요 내러티브, 즉 '큰 이야기'라는 뜻이다. 그러나 현재 끝나가고 있는 모던 세계에서 '메타'는 '큰'의 요건은 충분했지만 '이야기' 쪽은 부족했다. 그것은 큰 그림이나 큰 이야기보다는 오히려 큰 요점이나 큰 원리나 심지어 큰 규칙에 훨씬 가까웠다. 모던 시대의 메타내러티브는 사람들에게, 보편적 주장들과 큰 근본 원리들이 존재하며 그 든든한 기초 위에 삶을 안전하게 지을 수 있다고 장담했다. 원리를 배우고, 항상 그것을 명심하고, 그대로 살라. 그러면 성공할 것이다. 복잡한 문제나 역설과 씨름할 필요가 없다. 근본 원리에 위배되고 어긋나는 것 같은 것들은 그냥 무조건 마음대로 무시하라. 결국 정말 중요한 것은 원리이지, 당신의 삶에 진정한 의미를 줄지도 모르는 어떤 초월적인 이야기가 아니다. 모던 시대는 상상력을 끌어들이고 정신을 자극하는 그런 이야기를 내놓기보다는 거짓 안전과 공허한 '성공'을 약속하는 큰 규칙을 우리에게 주었다. 나아가, 포스트모던 시대의 인간들이 메타내러티브라는 말을 들을 때에는, 성차별과 인종 차별이 배경에 낮게 깔려 지지거리는 소리도 동시에 함께 들린다.

그러나 포스트모던 문화에서는 이야기가 중요하다. 수상한 쪽은 오히려 불가침의 원리들이다. 더 정확히 말해서, 포스트모던 문화에서는 **개인적인** 이야기들은 괜찮다. 그러나 종교나 역사나 문화의 경계선을 넘어가는 전체적 또는 우주적 이야기는 안 된다. 영원의 눈은 각자 보는 사람의 눈으로 대체되었다. 영원한 상(相, subspecie *aeternitatis*) 부류의 메타내러티브는, 엄격한 원리들과 결론적인 보편 진리들에 의존하던 모던 시대의 냄새를 너무 폴폴 풍기기 때문이다. 한 인생의 혼돈에 어떤 정황을 제공해 줄지도 모르는 좁고 개인적인 내러티브 냄새가 아니라 말이다. 우리는 월, 수, 금요일에는 믿을 수 있는 것들을 믿는다. 그리고 화, 목, 토요일에는 그냥 믿는다.

모던 시대가 무사안전에 대한 확신을 상실하면서 인간 영혼은 일대 혼란에 빠졌다. 사실 그것은 고대 신들과 여신들—가이아, 헤르메스, 헤라, 프로메테우스, 디오니소스—의 환생으로 이어졌다. 그 신들이 지구별에 철권을 휘두르려고 다시 돌아오고 있다. 그들의 재출현은 베일에 가려져 있다. 그들이 종교로 돌아오는 것이 아니라 "나도 살고 남도 살게 두자"는 생활양식 대안들로 돌아오고 있기 때문이다. 상품화된 생활양식주의의 컬트에서는 종교마저도 선반 위의 또 하나의 상자가 되고 말았다. 컨디셔너 겸용 샴푸, 효과가 오래가는 땀 냄새 제거제, 입 냄새를 좋게 해주는 치약, 저지방 샐러드드레싱, 오래 낄 수 있는 콘택트렌즈, 724가지 과일·채소 등과 나란히 개인적 유익을 약속하는 상품이 된 것이다. 무엇이든 당신이 숭배하든 것들이 곧 신이라면 지금 우리는 모두 다신교도들이다.[19]

♡♥ 두 가지 선택

개인적 영성의 상품화와 함께, 두 가지 주된 '생활양식 대안'이 메타내러티브의 상실이 남긴 빈 공간을 채웠다. 현재 지구를 지배하는 주된 신념 체계는 '크로이소스'(Croesus, 돈)와 '헤도네'(Hedone, 쾌락)의 결합이다. 멕시코 소설가 카를로스 푸엔테스(Carlos Fuentes)는 이런 형태의 유물론적 생활양식에 '물질-쾌락적'(cresohedonic, 두 신의 이름을 합성함—역주) 소비주의라는 이름을 붙였다.[20] 인간 정신을 장악하고 있는 물질-쾌락적 생활양식의 지배력에 의문이 들거든, 하버드나 프린스턴 신입생들에게 왜 그렇게 열심히 공부해서 그 학교에 왔느냐고 여론 조사를 해 보라. 권력,[21] 특권, 쾌락의 추구가 먼저이고 지혜와 학습 욕구

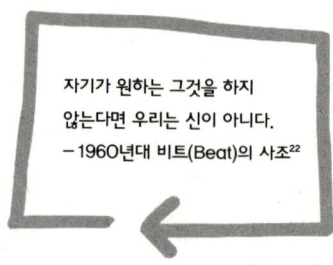

자기가 원하는 그것을 하지 않는다면 우리는 신이 아니다.
— 1960년대 비트(Beat)의 사조[22]

는 뒷전으로 밀려난다. 아니면 '공동 이익 단지'(common interest developments, CIDS)로 알려진 거주 공동체의 급성장을 조사해 보라. 이것은 특정한 생활양식(골프, 요트, 독신 등)을 추구하는 사람들을 위한 주택 상품이다.

물질-쾌락적 소비주의가 마르지 않은 물감처럼 상큼해지려는 경향이 있다면, 현재의 또 다른 생활양식은 대못처럼 단단해지려는 경향이 있다. 두 번째로 우세한 신념 체계는 근본주의자들의 이상론이다. 포스트모던 문화는 차고 넘치는 근본주의들의 본산이다. 자연으로 돌아가자는 근본주의, 녹색 또는 가이아(Gaia, 그리스 신화에서 땅의 여신—역주) 근본주의, 대체의약 근본주의, 시민종교 근본주의, 경전 근본주의(그

경전이 토라이든 코란이든 성경이든), 심지어 인본주의적 근본주의도 있다. 세속적 인본주의도 종교적 인본주의의 한 형태라고 하는 것이 가장 맞다. 어떤 우익 종교적 또는 정치적 근본주의 못지않게 근본주의적이고 열광적일 수 있기 때문이다. 교만하게도 세속적 인본주의는 모든 종교적 믿음을 불합리한 트림으로, 즉 되도록 소리를 죽이거나 심하게는 억지로 막아야 하는(휴지로든 별도의 조치로든) 대상으로 본다.

각 근본주의를 구분해 주는 것은 비관용이나 불합리[23]라기보다는 그 해괴망측한 미래관이다. 미래를 통제하려는 시도가 모든 근본주의를 지배하고 있다. 근본주의자들은 '이미 진행 중'[24]인 세상에게 "세상을 멈춰 세워라, 나는 내리고 싶다"고 자기가 말할 수 있다고 생각하는 사람들이다. 작년에 대한 동경, 과거의 전성시대에 대한 갈망, 있지도 않았던 일에 대한 향수, 그것이 근본주의의 핵을 이룬다. 성경은 우리에게 "옛날을 기억하라"고, '역대의 연대'를 존중하라고 도전하지만 그 속에 살라고 하지는 않는다. 알파와 오메가는 한 멍에를 지고 있지만 알파가 곧 오메가는 아니다.[25]

사람들은 두 그룹으로 나뉘어 왔다. 한쪽 사람들은 새로 출현하는 시대에 격노하면서, 기초가 든든한 옛날 세상에 향수병처럼 집착해 왔다. 다른 쪽 사람들은 별로 애석해하거나 뒤돌아보지 않으면서, 절대 기준들이 부재하고 중심을 잃어버린 세상 속으로 자유 낙하를 해 왔다. 시종일관 "네 행복을 좇으라"고 노래하고, 희희낙락할 모든 불필요한 사치품들을 사들이면서 말이다. 첫 번째 길은 영혼의 사후 경직(rigor mortis)으로 이어진다. 두 번째 길은 사후의 두려움으로 이어진다. 어느 쪽에서도 인간 영혼의 아리아를 들을 수 없다.

♡ ♥큰 텍스트를 누르는 하위 텍스트

저자가 죽었을지도 모른다고 흔히들 포스트모더니즘에 대해서 농을 치지만, 출판사는 저작권료를 어디로 보내야 할지 여전히 알고 있다. 메타내러티브는 더 이상 통하지 않을지 모르지만, 대형 몰과 쇼핑백들은 여전히 살아서 어느 때보다 당차게 위세를 떨치고 있다. 물리학자들이 미래란 다분히 원자 차원의 빈 공간이라고 말한 후에도 아무도 탁자에 자신의 노트북 컴퓨터를 올려 놓는 일로 걱정하지 않는 것처럼, 삶을 온전케 해주는 메타내러티브가 포스트모던 공기―"각각의 모든 관점이 그저 한 점에서의 관(觀)일 뿐인"―속에서 부패했다는 이유만으로 사람들은 삶이 엉터리가 된다고 걱정하지 않는다.

오늘, 거의 모든 부류의 사람들은 절대적인 권위를 내세우는 큰 내러티브, 이생 너머에까지 구속력이 있다고 주장하는 모든 것을 서슴없이 거부한다. 그러나 작은 이야기, 거기에는 우리가 먹을 수 있는 것이 **있다**. 상품화된 영성의 세속화된 종교들은 그런 작은 이야기들을 무한대로 내놓고 있다. 하도 많아서 말줄임표의 점들 속에 모두 소멸될 정도다.…베스트셀러 다이어트 책들의 절대적인 지시를 추종하는 수많은 미국인들 때문에 이제는 요구르트와 과일, 드레싱을 친 샐러드, 저탄수화물 메뉴들까지 파는 패스트푸드 식당들이 얼마나 많은가. 작은 이야기들은 신임을 얻는 정도가 아니라 무수히 많은 사람들의 삶과 소비를 능히

> 서구 문화 밑에는 우리가 희미하게 느끼는 거대한 고래(古來)의 선형(線形) 이야기, 전지하신 음성의 "빛이 있으라"는 명령문으로 시작되는 이야기가 흐르고 있다.
> ─남부 소설가 도리스 베츠[26]

바꾸어 놓을 수 있다. 그러나 동시에, 큰 내러티브는 인기를 잃었다.

주요 텍스트보다 하위 텍스트가 더 커진 이 전환이 우리에게 남겨준 것은, 새롭거나 더 나아진 인생 접근이 아니라 일시적이고 결국은 운명론적인 죽음의 전조일 뿐이다. 우리는 이 땅에 희미하게 빛나는 초월에 등을 돌린 채, 죽기 전에 잠시 즐기는 쾌락의 연회를 택하고 있다. 그 결과, 우리는 삶과 초월보다 왠지 죽음—또는 서서히 죽어가는 것—이 더 매력적인 시대에 들어섰다. 당장은 행복을 약속하지만 결국은 죽음으로 이끄는 거짓 우상들, 소비주의, 방종 등의 작은 내러티브들을 품으려고, 우리는 삶에 (나아가 이생 너머의 삶에까지) 형체와 실체를 주는 메타내러티브를 거부해 왔다.

♡♥ 메타내러티브가 그렇게 큰 까닭

메타내러티브에 주제가 있다면 그것은 삶이다. 더 구체적으로, 그것은 삶의 형체와 기능으로서의 사랑이다. 삶과 사랑을 꼭 필요한 문맥 안에 두기 위해서, 메타내러티브는 우리에게 내가 누구인지뿐 아니라 다른 모든 사람이 누구인지도 말해 준다. '타인'과의 관계를 이해하고 그 안에서 잘 살게 해주는 것이다. 수많은 진영에서 인기를 잃은 큰 내러티브는 나 자신, 사랑의 의미, 주변 사람들에 대하여 우리에게 보여 줄 것이 많이 있다. 그것은 다른 어떤 사랑 이야기와도 다른 "나는 너를 사랑한다"의 이야기다.

이제는 우리가 큰 이야기, 삶 전체의 기초가 되는 이야기를 버리면서 잃어버린 것들을 재검토해야 할 때다.

2장
죽음의 양식이 되어 버린 생활양식
: 만유의 통일 이론인 하나님의 이야기

중요한 것이라고 다 측정될 수 있는 것은 아니다.
– 앨버트 아인슈타인의 프린스턴 사무실에 걸려 있던 말

개들을 위한 패션쇼를 기획하는 G. W. 리틀(Little)이라는 회사가 당신의 '손색없는 응석받이 개'를 '디바 개뼈다귀 목걸이'라는 최신 패션 액세서리로 예쁘게 꾸며 주겠다고 나섰다.

민물에서 배양한 자주색과 크림색 진주로 만든 8밀리미터 두께의 환상적인 두 겹 줄. '뼈' 양쪽 악센트 부위는 14캐럿 백금에다…둥근 브릴리언트컷 다이아몬드와 분홍색 사파이어가 촘촘히 물려 있다! 다이아몬드 무게를 모두 합하면 약 0.10캐럿, 사파이어는 총 1.05캐럿이다. 일일이 수공으로 만든 알들을 플라스틱 코팅 처리한 강철 줄에 꿰어서 내구성과 강도를 더했다. '뼈' 모양 쇔쇠에도 14캐럿 백금을 촘촘히 박았다. 광택 나는 마호가니 상자 안에

흰색 모조가죽 삽입물과 베개와 함께 들어 있다.[1]

1,995달러만 주면(큰 개는 더 비싸다) G. W. 리틀이 즐거이 당신의 개를 이 최첨단 개 패션으로 장식해 준다. 그러나 이 회사가 약속하는 것은 그 이상이다. '개들의 생활양식'이 그들의 전문이다. 분명히 이것은 당신의 사랑스런 애완동물에게 그저 호화 보석류를 공급하는 차원을 훨씬 넘어선다.

> 절대 기준이란 없다. 나는 베이컨과 비스킷을 곁들여 계란 셋을 반숙으로 먹으리라. 모든 것은 상대적이다. 디바 개뼈다귀 목걸이를 내 신용카드로 결제하라.

번쩍번쩍한 고가의 애완동물 장신구는 오늘의 통상적인 광고업자들—제품이나 서비스만 파는 것이 아니라 달라진 삶을 파는 회사들—의 상품 중에서 하나의 범주에 지나지 않는다. 제품군의 자리에 새로운 생활양식의 판매가 대신 들어앉았다. 당신은 그냥 아침 식사용 시리얼을 사거나 머리 손질을 하는 것이 아니라 하나의 우월한 삶을 사는 것이다. 적어도 그것이 회사들의 약속이다.

데프 잼(Def Jam) 회사는 레코드들과 힙합 아티스트들[카니예 웨스트(Kanye West), 네-요(Ne-Yo), 루더크리스(Ludacris), 리아나(Rihanna), 112, DMX, 영 지지(Young Jeeezy)]로 유명하다. 그러나 데프 잼은 레코드 회사 이상이다. "20년 동안 우리는 음악만 만든 것이 아니라 생활양식을 구축해 왔다.…우리는 스스로 레코드 회사라고 느껴 본 적이 없다. 우리가 느끼기에 우리는 언제나 생활양식 회사였다. 멋있어지고 싶다면 당신도 데프 잼 모바일 서비스들과 기타 우리가 제공하는 모든 것에 접

속하길 원하리라."²

당신이 자신을 개 목걸이 하나에 2천 달러씩 쓰는 애완동물 애호가들과 비교하거나 또는 힙합 생활양식의 허위 광고를 믿는 신도시 백인 아이들을 비웃는다면, 그

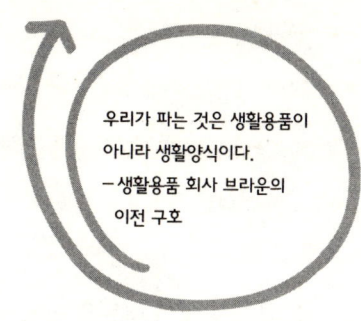

우리가 파는 것은 생활용품이 아니라 생활양식이다.
— 생활용품 회사 브라운의 이전 구호

럴 때는 당신이 더 나은 듯 우월감을 느끼기 쉽다. 그러나 그들이 '정신을 차려야' 한다든지 그들의 호화 생활에서는 천박성과 무의미밖에 스며나는 것이 없다는 말 따위로 그들에게 모욕을 주어서는 안 된다. 사실은 정반대다. 쾌락과 권력의 옛 신들은 구성과 목적이 풍성한 인생 이야기들을 내놓는다. 지극히 현실적인 의미에서, 당신이 이런 세속 종교를 사면 당신이 사는 것의 큰 부분은 '의미'다. 라스베가스 벨라지오(Bellagio) 호텔의 사우나에 가서 태국 요가 마사지, 보석 치료, 인도식 머리 마사지, 발리 섬 마사지, "고객의 얼굴과 몸에 진짜 금을 뿌려서 시내에서 화끈한 밤을 보내도록 준비시켜 주는"³ 이집트 금 치료까지 정말 다양한 서비스를 받는 하루 평균 900명의 고객들에게 물어 보라.

비그리스도인들이 의미를 잃었고 신앙 바깥의 모든 사람들이 '정신을 차려야' 한다는 개념은 그리스도인들 사이에 팽배한 가정이다. 그러나 지구상에서 오직 자기들만 의미를 발견한 사람들이라는 그리스도인들의 가정은 착각이며 이기적인 것이다. 환경을 위한 싸움에 평생을 바친 예일대 환경대학 학장의 말을 들어 보라.

소비는 우리에게 쾌락을 가져다주고 우리로 고통을, 그리고 단연 최악인, 권

태와 단조로움을 면하게 해준다. 소비는 자극과 전환을 주고, 흡인력이 있고, 의미 규정과 능력과 만족을 주고, 긴장을 풀어 주고, 교육적이며, 보상을 준다. 굳이 말하라면 나는 이렇게 고백할 수밖에 없다. 내가 돈을 쓰는 대부분의 것들을 나는 정말로 즐기노라고 말이다.[4]

돈이 당신에게 행복을 사 주지 못한다면 당신은 필시 엉뚱한 가게들에서 쇼핑을 하고 있는 것이다.

대다수 그리스도인들까지도 떠받드는 아메리칸 드림은, 옛 신들의 종교들이 외로움과 수상한 삶이라는 수확밖에 거두지 못한다는 개념을 부정한다. 좋은 직장, 좋은 집, 2.5명의 자녀, 두 대의 자동차로 대표되던 옛 아메리칸 드림은 이제 새 아메리칸 드림으로 바뀌었다. 후자의 기쁨과 만족은 놀 수 있는 근무지, 평생 가는 놀이, 두 곳의 거처에서 온다. 그곳에 가득 모인 가족과 친구들과 함께 당신은 멋진 외식, 여행, 오락, 개인 건강 등의 경험들을 나눈다. 삶에서 만족을 사는 것은 더 이상 잡다한 것들을 축적하는 과정이 아니라, 당신이 사는 물건들과 서비스들을 가지고 가장 좋고 의미 있는 경험들을 추구하는 여정이다. 옛 버전이든 새 버전이든 아메리칸 드림은 지구 역사상 상업적으로 가장 성공한 문명들 중의 하나를 구축해 왔다. 그것이 그 신봉자들에게 아무런 의미도 창출해 주지 못했다는 주장을 입증하기란 불가능에 가깝다. 또한 많은 사람들에게 이 '생활양식주의'의 거짓 의미는 현대 기독교라는 기계적이고 원리에 입각한 안전한 종교보다 더 강력하며 사실 더 '의미가 충만'하다.

많은 아웃사이더들이 그리스도인들—평생을 똑같은 회중석에 앉아서, 똑같은 찬송들을 부르고, 똑같은 문구들을 외우고, 똑같은 사람들을 보며 웃고, 똑같은 생각들을 듣고, 다 똑같아 보이는 건물들을 더 크게 짓는—의 '생활양식 선택'을 보고는, 뻔히 제정신인 사람이 저것도 '삶'이라고 선택하는가 의아해서 머리를 긁적인다.

사람들에게(그리스도인들도 마찬가지) 삶이 없는 것이 아니다. 다만 참된 삶, 예수님이 '풍성하다' 하시고 '삶'이라 하신 그 풍성한 삶이 없는 것이다. 그들은 하나님으로 하여금 전통적인 범주들 너머로 자기네 인간의 상상력을 넓히시도록 해 드리지 않았다. 참된 삶의 이 엄청난 상실을 어떻게 설명할 것인가? 하나님의 메타내러티브를 밀쳐내고 대신 안전한 원리들과 통제 가능한 삶과 안락한 꿈들을 택한, 이상한 맞교환에 그 답이 있다.

> 가장 깜짝 놀랄 일은 깜짝 놀랄 일이 전혀 없는 것이다.
> —홀리데이인 구호

♡ ♥ 그냥 사는 것인가, 삶을 경험하는 것인가

생활에 파묻혀 있노라면 '삶'은 아예 시작조차 못하기 일쑤다. 공항 청사 안에 갇혀 사는 새들처럼 우리의 삶도 배부르고 자유롭고 심지어 풍요롭기까지 하다. 단, 현실 세계는 바깥에서 기다리고 있다. 당신의 둥지를 아름드리 소나무에 짓는 것과 스타벅스 간판에 짓는 것의 차이다.

경우에 따라 그것은 잘못된 생활양식의 문제라기보다 오히려 죽음의 양식의 문제다. 날마다 우리는 삶 아니면 죽음을 선택하는데, 많은 사람들이 죽음을 택한다. 일상생활이 풍요롭고 보람되다 해도 때로는 정말 일상 '생활'이 아니다. 일상 죽음이다.⁵ 우리는 이 행성에서 한 번도 제대로 살아 보지 못한 채 허겁지겁 살아가고 있다. 공룡들이 살던 것처럼만 사는 것이다. 공룡의 인생관은 매일의 실존에 대한 두뇌의 기본적 반응이다. 이것을 먹고, 저것 때문에 싸우고, 자신을 보호하고, 최대한 자주 쾌락을 즐기라. 4대 생활 법칙—먹기, 싸우기, 도망가기, 섹스—대로 사는 공룡들처럼, 우리는 손닿는 것마다 다 유린하고 망가뜨리면서 온 사방에 죽음과 파멸을 부른다.

프랑스 라스코 동굴에서 선사시대 들소의 벽화들이 발견된 직후부터 그 벽화들은 사라지기 시작했다. 동굴의 수많은 방문객들(1950년대 중반에 하루 1,200명)이 뿜어내는 이산화탄소가 그림을 분해시

> 고래잡이는 포경업자들이 더 이상 고래를 찾지 못할 때에만 끝날 것이다.
> —제레미 셔퍼스⁶

킨 것이다.⁷ 무엇이든(예컨대 프랑스 리비에라) 더 아름다울수록 우리 인간들은 그것을 더 망쳐 놓는다. 우리는 그것을 그냥 내버려둘 수 없다. 공룡처럼 사는 현대판 마스토돈들(코끼리 비슷한 고대 생물—역주)이 자연에 마이다스의 손을 역으로 풀어 놓아, 우리의 손가락이 닿는 것마다 불순물로 변하게 한다.

♡ ♥ 실물보다 작은 삶

권력과 부와 쾌락의 옛 신들이 인간들과 지구에 미치는 장기적인 파급력을 생각해 본다면, 그 신들은 생활양식보다는 오히려 죽음의 양식을 내놓고 있음을 알 수 있다. 실물보다 작은 세상살이 방식을 내놓고 있다. 그 삶은 지성을 (밝히는 것이 아니라) 오히려 깡통으로 만들고, 심

장을 (동맥혈로 채우는 것이 아니라) 오히려 막고, 시간이 지남에 따라 영혼마저 질식시킨다. 결국 옛 신들이 다스리게 되면 아무것도 제대로 되는 것이 없다. 너무도 많은 사람들이(너무도 많은 그리스도인들을 포함하여) 선택하는 생활양식들이 아무런 목적지도 없이 결국 허망하게 끝나고 만다.

그런데 교회는 왜 그 신들이 내놓는 죽음의 양식들 앞에서 진리를 외치고 있지 않은가? 우리는 왜 침묵의 사람들이 되어 경건한 눈빛으로 회중석에 앉아만 있는가? 교회는 왜 "전방에 권태와 죽음이 있다!"고 가장 요란한 경고를 발하고 있지 않은가?

생활양식 대신 죽음의 양식을 선호하는 현상은 계속 확산되고 있다. 그리스도인들은 마땅히 경보를 발해야 하지만, 동시에 우리는 다른 생활양식들을 택하는 사람들한테서 배울 것도 있다. 예컨대 내가 아는 가장 용감한 사람들의 일부가 무신론자들이라는 사실에 나는 놀라서 입이 벌어진다. 성경은 우리의 "수고가 헛되지 않"다고 말한다.[8] 자신의 수고가 헛되다는 철석같은 신념하에 내일을 맞이하는 것, 인생에 영원한 의미가 없음을 알고서 날마다 기상하는 것, 추워서 떠는 영혼을 상대론의 외투로 덮어 주는 것…. 여기에 소요되는 수준의 용기에 맞먹을 수 있는 그리스도인은 화형대의 폴리갑, 콜로세움의 이냐시오, 단두대의 후스(Hus), 자업자득으로 고생한 틴데일, 총탄으로 벌집이 된 제단의 오스카 로메로 주교 외에는 거의 없다.

그러나 용기보다 높은 덕들이 있다. 예컨대 하나님을 믿고 신뢰하는 덕이다. 행복보다 높은 추구들이 있다. 예컨대 하나님 나라의 추구다. '나사'(NASA)가 상대하는 영역들보다 높은 꿈들이 있다. 예컨대 세속에 얽매인 사고의 '고약한 굴레들을 벗고'⁹ 그리스도의 마음을 입는 것이다.

♡ ♥ 큰 내러티브를 다시 찾아서

앞서 말했듯이 메타내러티브의 개념은 한물갔다. 세상의 온갖 다양한 사람들, 민족들, 신념들, 취향들에 의미를 줄 수 있는 단일한 이야기란 존재하지 않는 것으로 통한다. 각 집단에게―나아가 각 개인에게―각자의 내러티브를 허용하는 것이 낫다. 집 바로 지척에서, 자기 경험에 훨씬 가까운 곳에서 의미를 찾을 수 있도록 말이다.

그러나 오늘의 내러티브나 현재 유행 중인 내러티브를 선택하는 것은 삶을 빼앗기는 바꿔치기다. 예수님이 사신 것처럼 살려면, 하나님이 꿈꾸시는 대로 우리의 오늘을 살려면, 우리 자신의 이야기 쓰기를 '큰 이야기' 안에 자리매김하게 해주는 메타내러티브보다 더 필요한 것이 없다. 어떤 사람들은 태어날 때부터 일찍 일어난다. 어떤 사람들은 때에 맞추어 일어난다. 우리에겐 그 둘이 다 필요하다. 어떤 사람들은 자신의 인생 이야기를 산문으로 쓰고 어떤 사람들은 시로 쓴다. 우리에겐 그 둘이 다 필요하다. 어떤 사람들은 평화보다 검을 가져온다. 우리에겐 그 둘이 다 필요하다. 단, 모든 이야기들은 한 솥 안에서 함께 끓여야 한다.

삶에 일관성을 주는 이야기들을 잃으면 우리는 모든 것을 잃은 것이다. 오늘 출현하고 있는 세상은 그 어느 때보다도 더 메타내러티브가 필요한 세상이다. 사람들에게 '생활양식 대안' 이상을 가져다줄 그 무엇이 절실히 필요한 것이다. 문학비평가 월터 벤저민(Walter Benjamin)은

70년 전에 "진리의 서사시 쪽, 즉 지혜가 죽어가고 있다"[10]고 탄식했거니와 그의 말이 맞았는지도 모른다. 하지만 그것이 꼭 큰 이야기의 시대가 끝났다거나, 이야기하기의 예술에 종말이 가까웠다는 뜻일 필요는 없다. '진리의 서사시 쪽'이 쇠하고 있다면 '큰 이야기'의 부활은 더욱더 요긴하다.

우리 세상의 가장 요란한 목소리들의 일부가 경쟁적인 '큰 이야기들'과 전체주의적 비전들을 내놓고 있는 마당에, 그리스도인들이 왜 큰 이야기들의 시대가 끝났다는 포스트모더니즘의 주문(呪文)에 굴했어야 했는지는 전혀 다른 이야기다.[11] 주변을 둘러보면, 우리 시대의 큰 이야기들을 보지 않으려야 않을 수 없다.

알카에다는 큰 그림을 고안하여 전 세계에 전시하고 있다. 공학자 오사마 빈 라덴, 소아과 의사 아이만 알 자와히리, 건축설계사 모하메드 아타는 그 큰 그림 속에 당신의 자리도 남겨 두고 있다.

버거킹의 와퍼 메뉴는 전 세계에 퍼져 있다. 날마다 금관(버거킹에서 주는 왕관—역주)과 골든 아치(맥도날드의 상징인 노란색 M자—역주) 밑에서 무수히 많은 사람들이, 체인점마다 쫙 퍼진 "당신 취향대로"(버거킹의 구호—역주)의 철학을 움켜잡고 있다.

할리우드는 24시간 내내 쉴 새 없이 대형 화면을 돌리고 있다. 그리고 인기와 패션을 내세운 그곳 명사들의 컬트는 광고업계와 로데오 드라이브(비벌리 힐즈의 대표적인 명품 쇼핑가—역주)와 합세하여, 당신을 반짝이는 흑암 속으로 영원히 끌어들이려 하고 있다.

정치 소설가 샐먼 루시디(Salman Rushdie)는 '인간'이라는 이유만으로 '보편 권리'를 지닌다는 보편 진리 제창 운동을 벌이고 있다. 자신의 저서에 이종 교배와 문화적 혼혈을 예찬하는 것으로 유명한 루시디는(그는 U2와 합작으로 "그녀 발밑의 세상"이라는 노래를 만들기도 했다[12]) 또한 인간이란 존재한다는 이유만으로(문화적 배경 때문이 아니라) 양도할 수 없는 일정한 권리를 지닌다는 개념을 동시에 주장한다.[13] 루시디는 문화적 상대론—어떤 것들은 순전히 지역 문화의 구성물일 뿐 보편 진리가 아니라는 개념—이 위험한 관념이라고 주장한다. 다시 말해서, 당신의 문화가 살인을 묵인한다는 이유만으로 당신이 마음대로 사람을 죽여도 된다는 뜻은 아니다. 당신의 문화가 식인을 옹호한다는 이유만으로 당신이 마음대로 인육을 먹어도 좋다는 뜻은 아니다.

레이놀즈 프라이스(Reynolds Price), 리처드 루소(Richard Russo), 토니 모리슨(Toni Morrison) 같은 소설가들 사이에서, 전지적 작가 시점과 메타해설자는 인간 실존의 7대 기본 줄거리 중 하나나 그 이상을 말할 때 가장 애용되는 방식이다.[14] 마찬가지로 스티븐 호킹 같은 과학자들도 메타내러티브를 버리지 않았다. 앨버트 아인슈타인으로 시작해서, 과학자들은 우주를 하나의 멋진 패키지 안에 쌀 수 있는 궁극적 '만유이론'(TOE, theory of everything)을 추구해 왔다. 초현(超弦) 이론은 포괄적인 단일의 우주 이론, 즉 물리학의 모든 세력들의 통일 이론에 대한 아인슈타인의 꿈을 이루어 보려는 가장 최근의 시도다. 과학은 이전 어느 때보다도 '큰 이야기'에 매혹되어 있다.

♡♥ 큰 메타내러티브를 찾는 아우성

어느 하나의 내러티브가 모든 시대 모든 문화의 모든 사람들을 능히 인도할 수 있다는 개념에 대한 반론이 확산되고 있음에도 불구하고,

'큰 메타내러티브'의 필요성은 어느 때보다도 더 절실하다. 다음은 우리가 주요 내러티브로 돌아가야 하는 네 가지 이유다.

1. 분열과 싸우기 위하여

갈수록 세계화되는 이 세상에서, 우리는 우리를 찢어 놓으려는 모든 원심력에 맞서서 우리를 통합시켜 줄 수 있는 큰 이야기의 대항 구심력이 필요하다. 신학자 니콜라스 래시(Nicholas Lash)의 표현을 빌리자면, "세계화 앞에서 우리는 '세상'이 모든 것을 가리키고 '우리'가 온 인류를 가리키는 그런 이야기를 시도할 수밖에 없다."[15] 온 세상은 공동의 유산과 공동의 운명에 관한 단일한 보편 강화(講話) 속으로 들어갈 필요가 이전 어느 때보다 절실하다. 이라크 팔루자에 사는 상농(商農)의 희망과 꿈은 미국 디트로이트에 사는 기계공의 그것과 별반 다르지 않다. 그러나 공동의 대화에서 나오는 보편 메타내러티브가 없는 한, 우리는 우리 모두가 원하는 것이 똑같다는—우리 자녀들의 안전하고 밝은 미래, 그리고 사랑하는 이들을 위한 초월의 손길이라는—사실을 우리의 무지와 두려움 때문에 알 수 없다.

물론 래시가 뒤이어 인정하듯이 "모든 것을 다 말하는 이야기란 없으며, 모든 것에 대한 이야기라도 마찬가지다!"[16] 그래서 결국 '큰 이야기'는 언제나 '모든 것에 대한 많은 이야기들'이 되게 마련이다. 고유 문화와 부족의 수만큼이나 큰 이야기의 버전들도 다양한 것이다. 하나님 임재의 메타내러티브는 많은 줄거리들로 전개되며, 우리는 많은 지점에서 그 안에 들어갈 수 있다. 복음은 하나지만 문화는 많다. 복음도 하나, 문화도 하나가 아니다. 그리스도의 일반성은 예수님의 특수성을 상쇄하지 않고, 그 반대도 마찬가지다. 예수님은 '구상적이자 보편적인' 분이다.[17] 그래서 기독교의 공적인 목소리는 늘 많은 목소리들의 합창이어야 한다.

히브리 전통에 "토라는 하나지만 그 얼굴은 70이다"라는 말이 있다. 그 말을 변형하면 "토라는 하나지만 그 얼굴은 6십만이다"(토라가 계시될 때 그 자리에 있던 사람들의 수를 가리켜서)가 된다. 토라를 받는 것과 그대로 사는 것은, 각자의 독특한 속성과 능력에 따라 사람마다 약간씩 다르다.[18] 그러나 노래하는 목소리가 아무리 많고 화음의 파트가 아무리 많아도 노래 자체는 똑같다.

예수께서 예루살렘을 향하여 앞서서 가시더라.
- 누가복음 19:28

우리 사이의 차이들은 문제가 아니라 즐거움의 일부다. 바울의 신학이 있고, 누가의 신학이 있고, 요한의 신학이 있고, 마가의 신학이 있다. 복음서는 넷이지만 예수님은 하나다.

2. 미래 지향의 믿음을 가꾸기 위하여

세계화라는 말을 들을 때 당신에게 무슨 생각이 드느냐 하는 것은, 당신이 세계화를 금빛 해변으로 보느냐 아니면 골든 아치로 보느냐에 달려 있다.[19] 한 학자의 표현대로 서구 교회의 '세계화 공포증'[20]은 세상에 대한 두려움과도 상관이 있지만, 미래에 대한 두려움과 더욱 관련이 있다. 우리는 말로만 미래에 호의를 보일 뿐, 미래를 생각하거나 미래에 비추어 살아갈 줄은 모르는 것 같다.

기독교의 메타내러티브는 세 시간대(과거, 현재, 미래)에서 동시에 벌어진다. 그러나 테이야르 드 샤르댕(Teilhard de Chardin)의 인상적인 말처럼,²¹ "우주는 기본적으로 미래라는 유일한 버팀목—외팔보(수영장의 다이빙대처럼 한쪽 끝만 고정되고 다른 쪽 끝은 자유로운 들보—역주)라고 해야 하리라—위에 기초를 두고" 있으므로, 기독교 신앙이 존재하는 주요 시간대는 미래다. 예수님은 저 바깥 물 위에서 베드로와 제자들에게 오셨던 것처럼 지금도 언제나 우리를 앞서 가시기에, 우리는 미래로부터 우리에게 오시면서 우리도 따라붙으라고 하시는 하나님께 열려 있어야 한다.

하나님의 사랑 이야기—"나는 너를 사랑한다"의 이야기—는 미래의 얼굴을 하고 있다. 성경의 메타내러티브는 미래의 지문(指紋)을 지니고 있다. 소명의 본질은 '부름'인데 그것은 미래 지향을 암시한다. '부름' 받는다는 것은 앞쪽으로, 현재의 자리를 떠나서 하나님이 원하시는 쪽으로, "[하나님]의 부르심의 소망"²² 쪽으로 이끌려 가는 것이다. 신약성경에 나오는 교회의 이름은 에클레시아(ecclesia)인데, 직역하면 '불러냄을 받은 사람들'이라는 뜻이다. 교회는 미래의 다운필드(미식축구에서 공격 방향—역주)로 달려가도록, 오합지졸의 집단 속에서 불러냄을 받았다. 리더십이란 근본적으로 사람들에게 다가가되 지금 그들이 있는 곳으로 가는 기술이 아니라 지금 그들이 있지 **않은** 곳—그러나 하나님이 있으라고 부르시는 곳—으로 가는 기술이다. 이것을 '쿼터백 개론'이라고 해도 좋다. 거기서 '리더'는, 성공적인 공격 패스의 열쇠는 공을 던지되 지금 리시버가 있는 곳이 아니라 앞으로 리시버가 있게 될 곳으로 던지는 것임을 배운다.

바울의 핵심 단어들 가운데 하나인 *prothumos*는 번역하면 '간절히

51

원하다, 각오나 준비가 되어 있다'는 뜻이다. 그러나 이 말에는 '미래의 마음으로 생각한다'는 뜻도 있다.²³ 바울은 다메섹 도상의 체험 이후로 미래의 마음으로 생각하는 법을 배웠는데, 그때 그에게 주어진 것은 미래에 이르는 지도(地圖)나 자신의 '부르심'에 대한 청사진이 아니었다. 그보다 그는 '가서' 불확실한 것과 미지의 것투성이인 미래에 정면으로 맞서라는 명을 받았다. 그래야만 "행할 것을 네게 이를 자가 있"겠기 때문이다.²⁴ 신약성경에 바울이 쓴 서신이 몇 개든 상관없이, 그 모든 서신이 "오늘 우리는 내일을 기억한다"는 이 한 가지 고리에 끼워져 있는 것도 무리가 아니다.

기독교 역사의 주요 내러티브들에서, 우위에 있는 것은 과거보다 미래다. 그 속에는 시인 톰 폴린(Tom Paulin)이 자신의 시 제목으로 "미래에 대한 향수"²⁵라고 한 그것이 들어 있다. 성경의 메타내러티브에서 "당신은 역사다"라는 표현은 "당신은 이미 끝난 사람이다"라는 뜻이 아니다. 오히려 그것은 "당신은 역사를 만들고, 미래를 빚고, 이 땅에 하나님 임재를 이루는 일의 일부다"라는 뜻이다. 미래는 역사의 사실들로 만들어진다. 그런데 **당신**보다 더 큰 사실은 없다. 하나님은 당신에게 부르심을 주셨고, 당신의 부르심의 방향은 언제나 미래로 나 있다.

"오늘 우리는 내일을 기억한다"는 이 믿음은 쉽지 않으며, 포스트모던 문화는 그것을 조금도 더 쉽게 해주지 않는다. 기억이 잦아들어 어떤 정체성을 품을 겨를조차 없을 정도로, 모든 것이 숨 가쁘게 획획 돌아가고 있다. 사람들은 변화에 멍하고, 선택에 혼란스럽고, 삶의 '기초들'이 문화의 잇단 해일에 휩쓸려 가는 것 때문에 혼몽하다. 과거나 현재를 버리지 않으면서 미래에 초점을 두는 메타내러티브의 필요성은 그

럴수록 더욱더 절박해진다. 예일대 신학자 미로슬라브 볼프(Miroslav Volf)는 이렇게 말했다.

> 내가 판단하기로, 현대 문화는 우리가 향해 가고 있는 명확한 미래에 대한 이런 개념이 없고, 오히려 미래에 대한 안정되고 도덕적으로 충일한 개념은 끊임없는 신(新)경험에 대한 공허한 개념으로 대체되었다.…거기서 비롯되는 기분은 마치 대로에서 고속 자동차를 주행하는 것과 같다. 우리가 경험하는 삶은 하나의 흐릿한 덩어리다. 더 큰 의미의 틀 안에 통합된 안정된 그림들이 아니다.[26]

"나는 외롭다"는 말을 생각해 보라. 이것은 존 워커 린드(John Walker Lindh)의 애절한 발언이다. 자유로이 자기 자신을 찾고 규정할 수 있다고 배우면서 캘리포니아의 부유한 가정에서 천주교 신자로 자란 린드는 힙합 스타가 되기로 했다. 인터넷 채팅방에서 그는 자본주의, 세계화, 동성애, 기독교의 허위성, 시오니즘의 오류를 맹비난하는 흑인 힙합 아티스트 행세까지 했다. 미래가 두렵고, 부단한 변화가 괴롭고, 스스로 '자신을 찾을' 수가 없어서 그는 근본주의 이슬람교의 확실한 쳇바퀴로 도피했다. 파키스탄에서 어느 물라(이슬람교의 학자—역주)에게 수학한 뒤에 그는 자유 투사 압둘 하미드로 개명하고 탈레반에 들어가서 아프가니스탄의 미군들과 싸웠다. "나는 미국에서는 외롭지만 여기서는 내 집처럼 편안하다"[27]고 그는 고백했다.

기독교의 참된 미래관은 확고부동하게 이중 초점이다. 그래서 미래는 당신이 가서…죽는 곳이며, 또 미래는 당신이 가서…꿈을 이루는 곳이다. 부활의 메타내러티브 덕분에 그리스도인들은 죽음을 똑바로 바라보며 미래를 향하여 두 얼굴로 살아갈 수 있다. 그래서 당신은 하루하루를 마치 그날이 마지막 날인 것처럼—그 자체로 전부인 것처럼—살아간다. 동시에 당신은 하루하루를 마치 그날이 첫날인 것처럼—전혀 새로운 여행의 첫걸음이요 역사를 만들라는 당신의 '부르심'의 새 출발인 것처럼—살아간다.

> 호레이쇼, 하늘과 땅에는 그대의 철학으로 상상할 수 있는 것보다 훨씬 많은 것들이 있다네.
> - 「햄릿」 1막 5장 166행

3. '좋은 소식'의 내러티브 의미를 되찾기 위하여

오늘날 세상에 기독교의 메타내러티브가 이전 어느 때보다도 더 필요한 데에는 또한 세 번째 이유가 있다. 기독교의 본질인 복음은 '좋은 소식'이다. '소식'(뉴스)의 개념이 없는 문화들에서는 '유앙겔리온'(*euangelion*)을 '좋은 이야기들'로 번역하는 것이 더 맞다. 복음서의 언어는 이야기의 언어다. 그리고 '좋은 이야기들'은 하나님에 관한 개념들이 아니라 하나님의 활동들, 특히 굴러간 돌로 죽음의 지배를 멸하시는 하나님의 행위다. 죽은 자들을 살리시는 하나님의 '좋은 이야기들'은 사복음서에 모두 나오는데, 각 복음서 저자마다 자신의 언어와 이미지들과 개성을 살리고 있다(요한의 "나는 …이라", 마태의 "천국은 …과 같으니", 마가의 맹한 제자들, 누가의 고집스런 상세 묘사). 그러나 극히 다양한 이미지와 언어와 표현 양식들 내에서, 그 좋은 이야기들은 모두 동일한 큰 내러티브를 중심으로 돌아간다. 성경의 형태는 철학이 아니라 내러티브이며, 성경으로 빚어진 모든 메타내러티브도 당연히 성경의 형태일 수밖에 없다.

내 친구의 친구는 피부과 전문의다. 피부병학에 대하여 그가 아주 좋아하는 정의는, 문제가 저절로 없어지기 전에 문제를 처치하려는 경주(競走)라는 것이다. 하지만 내 친구의 친구의 말 중에서 내가 최고로 꼽는 것은, 피부병학에 대해 딱 두 가지만 알면 된다는 말이다. "피부가 건조하면 습기를 주고, 습하면 건조하게 해주라."

비슷하게, 오늘 우리가 알고 있는 기독교에 대해서도 딱 두 가지만 알면 된다. 두 가지 다 이 짧은 한 문장 속에 들어 있다. "기독교는 당신이 생각하는 것이 아니다."

모던 시대의 메타내러티브는 이성에 의지하여 세상에 기독교 '신념 체계'를 주었다. 관건은 바른 세계관을 만드는 것이 전부였다. 모더니티가 세상의 신비들을 뿌리 뽑고 그것을 응용 이성이라는 신과학의 확실한 백과사전적 지식들로 대체하려고 한 것처럼, 기독교도 이성의 종교로 변신을 꾀하면서 신비의 정복에 나섰다. 기독교는 과학적 방법을, 하나님의 진리들을 추적하는 더 좋은 틀로 보게 되었다. 완전한 확실성을 성취하거나 모든 것을 분석하고 설명하고 정리하는 것이 설령 불가능했을지라도, 그래도 신비는 기껏해야 무익한 것이었다.

예수님이 진리 체계를 관계적 형태가 아닌 이성적 형태로 구축하기 원하셨거나 그렇게 계획하신 대목이 성경 어디에 있는가? 예수님께 진리란 사상의 문제나 철학이 아니다. 진리는 관계와 실체의 문제다. 예수님은 세상에 새로운 신념 체계를 내놓으신 것이 아니다. 그분은 세상에 새로운 마음—하나님을 향한 새로운 마음, 우리 자신을 향한 새로운 마음, 진리를 향한 새로운 마음, 삶을 향한 새로운 마음, 다른 사람들을 향한 새로운 마음—을 내놓으셨다. 이것은 하나님의 관계 이야기다. 하나님에 대한 이성적·과학적 입증과는 거리가 멀다. 지금 우리의 세상과 그것이 인간에게 주는 의미에 대한 우리의 인식을 형성하고 있는 은유들과 이야기들을, 종교가 아닌 과학이 공급하고 있는 실태와도 거리가 멀다.

예수님은 플라톤이나 기타 어느 철학자를 높이면서 "천국이 이런 자의 것이니라"고 말씀하지 않으셨다. 예수님은 한 아이를 높이셨다. 일각에서는 아마도 베드로의 아이였을 거라고 말한다. 부전자전이라 했으니 그도 고집스럽고 충동적이고 몹시 성급하고 매우 활동적이되 그러나 순진한 아이였을 것이다. 이 아이를 은유로 삼아 예수님은 "천국이 이런 자의 것이니라"고 말씀하셨다. 예수님은 또 "삼가 이 소자 중에 하나도 업신여기지 말라"[28]고 경고까지 하셨다.

> 인생을 사는 길은 두 가지뿐이다. 하나는 아무것도 기적이 아닌 것처럼 사는 것이고, 또 하나는 모든 것이 기적인 것처럼 사는 것이다.
> —앨버트 아인슈타인의 말로 알려짐[31]

기독교의 성상은 턱에 팔을 괴고 앉아서 생각하는 사람이 아니다.[29] 기독교의 성상은 양손에 세상을 품고 십자가에 못박히신 구주다.

사고(thinking)만이 우리의 업은 아니다. 기독교는 철학자와 과학자의 세계라기보다는 오히려 시인과 이야기꾼의 세계다. 성경학자 토머스 슈미트(Thomas Schmidt)는 "성경에서 시와 순수한 교리의 비율은 적어도 5:1이며, 나머지 대부분은—예수님의 생애와 가르침을 포함하여—이야기와 비유로 되어 있다"[30]고 추정한다. 우리에게 믿음은 입에서 나온 말로도 존재하지만 그 못지않게 입으로 말할 수 없는 것으로도 존재한다. 기독교의 메타내러티브는 단절된 계몽주의보다는 몰입된 매혹으로 이끈다.

4. 복음의 총체적 성격을 나타내기 위하여

끝으로, 우리에게 기독교의 메타내러티브가 필요한 것은 복음 자체가 총체적인 것이라서 그렇다. 복음의 진리 주장들은 만인 보편의 것이다. 무슨 운동이든 살아 있으려면 메타내러티브가 필요하지만, 기독교보다 더 그런 것은 없다. 기독교의 DNA란, 만약 설득력 있는 이야기가 없어서 그것을 중심으로 모일 수 없다면 우리는 모이지 않겠다는 것이다. 그리스도인들을 달려가게 하는 것은 메타내러티브다. 종교가 더 이상 사람들에게 그들의 세계와 그 세계 안에서의 그들의 정체성과 역할에 대한 일관성 있고 설득력 있는 이야기를 제공할 수 없다는 생각에 만일 그리스도인들이 동조한다면, 그것은 곧 기독교가 죽음의 탈을 쓰는 것과 같다.

당신이 그리스도인이 되어야 할 이유는 하나뿐이다. 그것이 진리이기 때문이다. 그것이 당신에게 유익하기 때문도 아니다. 그것을 믿으면 당신이 치유를 얻기 때문도 아니다. 그것이 세상에 평화와 친선을 가져다주기 때문도 아니다. 당신이 그리스도인이 되어야 할 유일한 이유는 하나님이 하나님이기 때문이요 예수님이 길과 진리와 생명이기 때문이다.

기독교의 결정적인 특징은 하나님이 그리스도를 통하여 세상을 자신과 화목하게 하신다는 메타내러티브다. 기독교의 메타내러티브는 메타인물 예수 그리스도다. 하나님이 "어디든지 사람을 다"[33] 관계 속으로 부르신다는 진리에 모든 무릎이 꿇어야 한다. 그러나 모든 문화마다 예수님을 각자의 이미지대로 만드는 것은 정당한 일이다. 성경의 이야기는 하나님이 누구이시며 예수 그리스도를 통하여 세상에서 무슨 일을 하고 계신가에 대한 큰 이야기다.

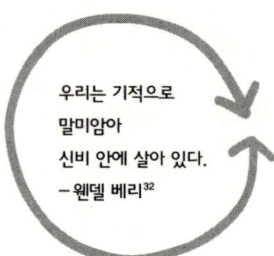

우리는 기적으로 말미암아 신비 안에 살아 있다.
—웬델 베리[32]

여기서 의문이 나온다. "그렇다면 하나님은 누구이시며 하나님이 하고 계신 일은 무엇인가?" 모든 것에 대한 기독교의 이야기는 사랑의 하나님에 대한 이야기인데, 그분이 누군가 하면 '세상을 이처럼 사랑'하시는 분이고[34], 그래서 자신이 지으신 모든 것과의 관계를 추구하시기 위하여 자신이 하실 수 있는 모든 일을 하고 계신 분이다. 그 관계는 우리를 하나님 나라로 인도해 들이는 관계이며, 그 나라는 구속(救贖)받은 피조세계와 개혁된 인류의 새 하늘과 새 땅이다. 당신이 젊었든 늙었든 중년이든, 유대교인이든 회교도이든 그리스도인이든, 아프리카인이든 아시아인이든 백인이든, 진리는 만인 보편의 것이니 곧 '지존자의 은밀한 곳'[35]이 지금 우리 가운데, 우리 안에 거하고 있다는 것이다. 사랑의 하나님은 우리를 그 나라(히브리어로 *malkuth*, 그리스어로 *basileia*)의 길들과 지혜 속으로 안내하고 계신다.

한마디로, 기독교의 메타내러티브는 하나님 나라의 이야기다.

3장
생명을 낳는 임재
: 기만적으로 단순한 하나님의 내러티브

> Regnum Dei Deus est.
> 하나님 나라는 하나님이다.
> — 오리게누스

예수님은 우리에게 이 말로 기도하라고 가르치셨다. "[아버지의] 나라가 임하시오며."¹ 이것은 하나님의 큰 내러티브를 단 세 단어에 담아낸 것이다.

성경학자들이 동의하는 극히 얼마 안 되는 것들 가운데 하나는, '하나님 나라'가 예수님의 설교와 가르침과 치유의 기초라는 것이다. 이 말은 구약성경에는 한 번도 나오지 않지만(아람어 역을 제외하고는) 1세기 유대교에는 흔한 말이 되었다. 예수님은 세상에서의 하나님의 활동에 대한 당대의 표어를 가져다가 자신의 사역의 구심점으로 삼으셨다.² 예수님은 역사 속에 그 나라의 메타내러티브를 도입하신 것이다.

그래서 그게 전부인가? 우리에게 "나라가 임하시오며"의 메타내러티브만 있으면 된다는 말인가? 단순히 '하나님 나라의 복음'[3]을 전하시는 예수님 이상의 그 무엇이 정녕코 있어야 하는 것 아닌가?

이런 질문들이 왜 그토록 표면 가까이 살아 있는가? 예수님이 그토록 분명하게 가장 중요한 것으로 제시하신 것을, 당장이라도 무시하거나 주변으로 몰아낼 태세로 말이다.

♡ ♥ "나라가 임하시오며…"

우리들 각자 안에는 영지주의자의 일면이 있다. 그렇지 않고서야 「다빈치 코드」(The Da Vini Code, 문학수첩 역간)[4]의 매혹을 어떻게 설명하겠는가? 우리 모두는 영지주의가 제공하는 듯한 은밀한 특권적 지식과 엘리트 지위를 갈망한다. 소설가이자 기호학자인 움베르토 에코(Umberto Eco)는 「푸코의 진자」(Foucault's Pendulum, 열린책들 역간)에 나오는 해설자의 목소리를 통해 우리에게 그 위험을 경고한다.

안토니우스 시대에 유행했던 신비를 향한 갈망에 대해서는 아글리에가 이미 말하지 않았던가? 그런데 그때 누군가가 나타나서 자신이…세상 죄를 구속(救贖)하려고 성육신한 하나님의 아들이라고 선언했다. 그것이 보통 신비였을까? 또 그는 만인에게 구원을 약속했다. 이웃을 사랑하기만 하면 된다고 했다. 그것이 시시한 비밀이었을까?…그러나 이미 구원을 손안에 넣은 그들은…[신비를 갈망하는 사람들은] 들은 척도 하지 않았다. 그게 전부란 말인가? 이렇게 진부할 데가… 삼위일체의 신비? 너무 단순했다. 뭔가가 더 있어야 했다.[5]

이것이 우리가 기독교의 메타내러티브에서 부딪히는 문제다. '비밀'은 너무 단순하고 너무 진부해 보인다. 그게 전부란 말인가? 날마다 그저 하나님 나라를 앞세우라, "그리하면 이 모든 것을 너희에게 더하시리라"[6] 그건가? 날마다 기도할 때 "나라가 임하시오며"라고만 말하라는 것인가?

♡♥ 기만적인 단순성

기독교의 하나님 나라 메타내러티브보다 더 단순한 것은 없다. 그런데 이 '비밀'은 기만적으로 단순하다. 하나님 나라를 통치하는 복잡한 바른 관계들이 그 단순성 자체 속에 감추어져 있기 때문이다. 그 관계들은 통념에 반하는 것이며, 안으로 숨는 경향이 있다.

예수님이 사용하신 나라 은유에 혼란을 겪는 것은 우리만이 아니다. 그분을 따르던 사람들 중 일부도 그분을 "억지로 잡아 임금 삼으려"고 했다.[8] 요즘도 그러려는 사람들이 여전히 있다. 그러나 하나님 임재가 세상에 두루 퍼지는 것은 임금 예수의 사신 노릇을 통해서가 아니라 원산지 표시가 좀처럼 없는 씨앗들과 누룩을 통해서다.

줄스 글랜저(Jules Glanzer)는 조지 폭스 복음주의 신학교 학장이다. 나라의 성경적 이해에 대한 대화 중에 줄스는 자기가 수행하고 있는 흥미로운 연구에 대해서 말했다. 그는 우리가 흔히 '나라'(kingdom)라는 명사와 함께 사용하는 동사들을 성경에 사용된 동사들과 비교했다. 둘은 현저한 대조를 이룬다.

우리가 사용하는 동사들은 나라를 '세운다', 나라를 '들여온다', 나라를 '앞당기거나 수립한다' 같은 것들이다. 하나님 나라를 '이루는'

법에 관한 책들도 많이 나와 있다. 그러나 성경에 사용된 동사들은 아주 다르다. 하나님 나라는 우리가 '들어가거나' '만나는' 것이며, 그 다음에는 '고이 품는' 것이다. 그 나라는 '주어지는' 것이다. 선물로 '받는' 것이다. 우리가 "두려워 [않는]" 삶을 살 수 있음은 "너희 아버지께서 그 나라를 너희에게 주시기를 기뻐하시"기 때문이다.⁹

다시 말해서, 하나님 나라는 우리가 '세우거나 촉진하거나 추진하는' 것이 아니다. 그 나라는 우리가 '들여오는' 것이 아니라 우리가 '들어가고' '받는' 것이다. 더욱이 그 나라는 '오는' 것이며, 그나마 때로는 '가까이'까지만 온다.¹⁰ 우리 의식의 세포들이 너무 약해서 그 나라의 신호들을 포착하지 못하기 때문이다. 그래도 말편자 던지기 놀이와 수류탄에서처럼 거룩함에 있어서도 그 '가까움'이 중요함을 아는 것이 좋다.

기독교는 하나님 나라에 대한 이 잘못된 이해—하나님 나라를 우리가 들어가서 합류하는 것이 아니라, 우리가 이루고 성취하는 것으로 보는—에 자꾸만 발가락(TOE, 만유 이론)을 채이고 있다. 나라라는 용어는 그 주변에 온갖 얽히고설킨 신학적·문화적 부속물들을 끌어 모았고, 그것은 기독교의 '큰 이야기들'을 계시적이기보다는 차라리 흉악스러울 수 있는 전형(典型)들로 둔갑시켰다. 하나님 나라를 아메리칸 드림이니 국민총생산이니 무슨 사회적 의제니 정치적 해방 전략 따위로 혼동하여 온통 야단법석을 떠는 것도 그 때문이다. 하나님 나라가 걸핏하면 '자아의 나라'¹¹에 흡수될 수 있는 것도 그 때문이다. 자아의 나라의 기초는 '일인자가 되려는' 자기치장과 자기만족이다.

성경학 개론에 "예수님은 하나님 나라를 전하셨고 교회는 예수님을 전했다"는 말이 있는데, 이는 예수님의 설교의 초점과 초대교회의 초점을 구분하려는 의도에서 나온 말이다. 이 말은 일정한 범위 내에서는 맞는 말이다. 예수님의 중심 메시지를 보면 언제나 하나님 나라였고, 초대교회의 중심 메시지를 보면 언제나 십자가에 달리시고 죽은 자 가운데서 부활하신 그리스도였다.

그러나 그 말의 범위는 썩 넓지 못하다. 예수님은 하나님 나라를 전하셨고 초대교회는 예수님을 전했다는 이 구분은 기독교의 혈관에 반목(反目)이라는 피를 주사했다. 그래서 적대적인 두 진영이 그리스도인이라는 단어의 참뜻을 놓고 싸워 왔다. 한 진영이 갈망하는 기쁨은 정의다. 이들은 예수님의 하나님 나라 전파에 집중적으로 헌신된 사람들이다. 다른 진영이 갈망하는 기쁨은 예수님이다. 이들은 교회의 예수님 전파에 집중적으로 헌신된 사람들이다. 사회 정의와 전도, '사회 복음'과 '개인 복음' 사이의 이 부족(部族) 싸움 때문에 교회 역사는 신성하지만 흉터가 많은 이야기다. 게다가 근년 들어서 제3의 혈족이 등

> [팔복]에는 세상을 구원할 메시지가 들어 있다. 그런데 그리스도인들이 2천 년 동안이나 그 메시지를 듣지 않고 있으니 얼마나 딱한 노릇인가. 그들은 긴긴 세월 물속에 있어도 물한 방울 빨아들일 줄 모르는 돌멩이들 같다.
> — 간디[12]

장했는데, 그들이 갈망하는 대상은 순전히, 갈망하는 기쁨 자체다(하지만 이것은 또 다른 이야기다).

2천 년 동안 그리스도인의 의미를 놓고 칼싸움과 참호전이 벌어졌음에도 불구하고, 이 구분을 논의하고 해결하기 전에는 그 단어의 진짜 의미는 여전히 잠자고 있다. 기독교의 진짜 역사는 아직 쓰이지 않았다

고까지 말할 수 있다. 그 역사는 그리스도인이라는 단어가 다시 살아나고 다시 깨어나기를 기다리고 있기 때문이다. 21세기는 기독교의 '동절기'이기는커녕 오히려 기독교의 봄철이라고 나는 믿는다. 이것은 기독교 신앙과 실천의 새로운 출생을 알리는 기상나팔 소리다. 포스트모던 시대가 기독교의 조종(弔鐘)을 울리고 있다는 두려움을 부추기는, 그런 편집증과는 거리가 멀다. 지금 우리는 여태까지 본 그 무엇보다도 아름답고 결실이 풍성한 기독교를 향하여 나아가고 있다.

♡ ♥ 예수님이 이해하신 하나님 나라

하나님 나라와 예수님의 구분은 한 순간에 영원히 무너졌다. 예수님이 십자가에 달리실 때 성전 휘장이 찢어졌는데, 그 순간 그 둘은 동일해졌다. 오리게누스가 귀먹은 사람들에게 맨 처음 포고한 것처럼, 예수님이 곧 하나님 나라다. 예수님의 임재 안에 그 나라의 임재가 있다. 유대교 교리에 있듯이, 토라가 천국에서 온 것이라기보다는 토라 자체가 천국이다.[13] 기독교 교리에서도 마찬가지로, 예수님 자신이 하나님 나라다. 예수님이 이제도 계시고 전에도 계셨고 장차 오실 분인 것처럼, 하나님 나라도 이미 왔고 오고 있고 지금 여기 있다. 하나님 나라는 곧 예수님의 임재다. "볼지어다, 내가…너희와 항상 함께 있으리라."[14]

그래서 나는 하나님 나라 대신 다른 이름을 사용할 것을 제안한다. 우리가 기독교 메타내러티브를 '나라'라는 용어보다 '임재'로 접근하면 어떨까. 기독교의 큰 만유 이론(TOE)은 만유의 이론이 아니라 만유의 진리다. 예수님 안에 하나님 나라가 바로 지금 임재한다는 진리다. 예수님이 곧 만유의 진리다. 예수님은 "내가 곧 길이요 진리요 생명이니"라고 하신 후에 곧바로 이어서 "나로 말미암지 않고는 아버지께로 올 자가 없느니라"고 하셨다.¹⁵ '우리'라고 하시지 않고 '나'라고 하신 것을 잘 보라. 그리스도는 하나님 임재로 들어가는 여권이자 입국수속 지점이다.

하나님 나라를 전파하실 때 예수님은 그 임재가 어떻게 우리 가운데, 우리 주변에, 우리 안에 있는지 보여 주셨다. 예수님은 우리 가운데와 우리 주변과 우리 안에서 자신의 부활하신 삶을 살기 원하신다. "예수님을 당신의 마음속에 영접한다"든지 "하나님을 당신의 삶에 모셔 들인다"는 식의 말은 바로 이런 이유에서 문제가 있다. 당신의 마음은 예수님을 쑤셔 넣기에는 아주 작은 상자다. 우리는 그리스도의 몸의 일부가 되어 예수님이 세상에서 하시는 지속적인 사역에 동참하도록 부름 받았다. 하나님이 우리에게 원하시는 것은 신의 생명에 참예하고, 세상에서 하시는 그분의 일에 합류하고, 그분의 삶의 일부가 되고, 하나님 삶(Godlife) 관계에 참여하는 것이다. 복음의 약속은 우리가 '하나님 임재를 연습할' 수 있다는 것뿐 아니라 우리가 그 임재에 합류하여 그 임재가 될 수 있다는 것이다. 우리는 함께 그리스도의 몸이다. 자신의 몸인 교회 안에서 그리고 교회를 통하여 그리스도는 세상에 물리적으로 임재하신다. 기독교의 큰 이야기들은 우리가 오늘 세상 속에서 그리스도의 '임재들'이 되는 방식들이다.

하나님 나라는 세상 속에 계시는 하나님의 임재다. "하나님의 나라는 볼 수 있게 임하는 것이 아니요 또 '여기 있다', '저기 있다'고도 못하리니 하나님의 나라는 너희 안에 있느니라."¹⁶ 너희 '가운데'라고 번역한 역본들도 있다. 우리는 그 임재 안에 들어가도록, 그 임재의 선물을 받도록, 그 임재 안에 살고 그 임재가 우리 안에 살게 하도록 초대를 받았다. 우리가 그 임재 안에서 시간을 보내고 그 임재가 우리 안에서 시간을 보냄으로써 우리는 제자로서 자라간다.

하나님 임재는 오는 것이다. 우리는 그것을 '세우거나' '들여오지' 않는다. 우리는 그 임재를 선물로 받는다. 그래서 복음서에 천국이 언급될 때, 그 단어는 당신이 죽어서 어떻게 되느냐보다 당신이 지금 살아가는 방식을 가리킬 때가 더 많다. 천국은 우리가 그 임재 안으로 들여진다는 뜻이다. 지옥은 그 임재에서 궁극적으로 끊어진다는 뜻이다.[17]

임재로서의 나라는 예수님이 새로 도입하신 통찰이 아니다. "하늘에 있는 것이 아니니…바다 밖에 있는 것이 아니니…네게 심히 가까워서 네 입에 있으며 네 마음에 있은즉 네가 이를 행할 수 있느니라."[18] 시편 기자는 "높으신 하나님의 임재 안에 앉는"[19] 것보다 더 좋은 것을 생각할 수 없었다.

하나님 임재에 대한 이전의 이름들 가운데 이런 것들이 있다.

- 샬롬(Shalom, 평화의 임재를 연습한다).
- 셰키나(Shekhinah, 그 임재를 우리 안에 거하게 한다).
- 셀라(Selah, 찬양 중에 잠시 멈추어 이 순간의 임재 안에 머문다).
- 호산나(Hosanna, 임재를 찬미한다).
- 사바트(Shabbat, 임재 안에서 안식한다).
- 쉐마(Schema, 임재의 음성을 분별한다).
- 토라(Torah, 임재를 삶으로 살아낸다).

그러나 예수님이 오시면서 임재의 충만함이 왔다. 그저 '기쁨의 충만함'[20]이 아니라 '생명의 충만함'이다. '예수님과의 관계'를 말하면서 그것을 명제적으로 이해하는 것은 다른 문제다. 그러나 그것을 관계적으로 이해하려면 당신은, 사시고 죽으시는 임재의 전혀 다른 세계로 들어가야 한다. 윌리엄 블레이크(William Blake)는 그 임재에 대하여 "그대의 창조주가 곁에 계시지 않은 채로 그대가 한숨을 쉴 수 있다고 생각하지 말라"[21]고 썼다.

그래도, 내가 아주 오랫동안 '임재'라는 용어의 사용에 저항한 이유가 하나 있다. 이 말은 서구 영성의 최고 고전들 가운데 하나가 된 로렌스 형제의 「하나님의 임재 연습」(The Practice of the Presence of God, 좋은 씨앗 역간)이라는 책과 너무도 밀접하게 연관되어 있다. 니콜라스 헤르만(Nicholas Herman)은 프랑스 육군 장교였는데 30년 전쟁 중에 중상을 입었다. 35세의 나이에 그는 파리의 카르멜회라는 종교 공동체[아빌라의 성 테레사(Saint Teresa of Avila)와 같은 수도회]에 들어가서, 일과 예배—더러운 냄비와 접시를 닦는 평생의 부엌 '일'과 수도원의 하나님 '예배'—의 통합으로 유명한 평신도 수사가 되었다. 그의 대화와 서한들이 사후에 수집되어 「하나님의 임재 연습」이라는 제목으로 출간되었다. 로렌스 형제는 삼위일체를 끊임없이 묵상하는 사람, 가장 낮은 곳에서 가장 높은 생각을 품을 줄 아는 사람으로 알려졌다. 로렌스 형제는 우리가 어디에 있든지 또는 무엇을 하든지 명상의 삶을 가꿀 수 있는 가능성에 본보기가 되었다.

나는 로렌스 형제의 정신을 사랑한다. 특히 그가, 영적 행위들의 반복적 실천이 어떻게 습관이 되고 나아가 제2의 천성이 될 수 있는지 보여 준 것을 사랑한다. 로렌스 형제의 신앙 고전은 천주교[17세기 프랑스의 주교 프랑수아 페넬롱(François Fénélon)의 편지들을 보라]와 개신교[조엘 S. 골드스미스(Joel S. Goldsmith)의 영성 고전 「임재 연습」(Practicing the Presence)을 보라] 할 것 없이 수많은 그리스도인들에게 감화를 주어 왔다.[22] 그러나 '임재 연습'이라는 말은 묵상과 명상의 삶에 대해 말하는 하나의 코드가 되어 버렸다. 좀더 최근에는, 임재 연습에 관한 책들이 '영적 삶의 원리들'[23]을 실천하는 법에 대해 말하는 또 하나의 방법이 되어 버렸다.

내가 말하는 임재 연습의 의미는, 하나님에 대해서 생각하는 삶, 특정한 영적 원리들을 실천하거나 특정한 기독교 세계관으로 사는 삶이 아니다. 임재는 명상이라기보다는 사귐이다. 바울은 "우리가 항상 예수 죽인 것을 몸에 짊어짐은 예수의 생명도 우리 몸에 나타나게[가시화되게] 하려 함이라"[24]고 했다. 예수님이 가시화될 때 하나님 나라가 임한다. 그리고 "아버지의 나라가 임하"실 때 그분의 임재가 현존한다.

그것은 더 이상 그저 우리 마음속에 품은 말씀이 아니다. 이제 그것은 임재가 되신 '살아 계신 말씀'이다.

♡ ♥ 거하시는 임재

말씀이 우리 삶 속에서 어떻게 상호 작용하는가에 관하여 성경에 가장 자주 쓰인 단어들 가운데 하나는 '거한다'는 말이다. 예수님은 "너희가 내 안에 거하고 내 말이 너희 안에 거하면 무엇이든지 원하는 대로 구하라, 그리하면 이루리라"[25]고 하셨다. 베드로후서에는 하나님의 말씀이 위에서 난 사람들 속에 영원히 "살아서 거한다"는 약속이 등장한다.[26] 요한일서는 "하나님의 말씀이 너희 속에 거하"실 때 임하는 능

력을 증거하고 있다.²⁷

그렇다면 말씀이 우리 안에 거한다는 것은 무슨 뜻인가? '거하다' (abide)라는 말의 그리스어 의미는 관계적인 단어다. '누구와 함께 집을 이루다' 또는 '누구와의 관계 속에 남아 있다'는 뜻이다. 말씀 안에 거할 때 당신은 살아 계신 임재 안으로 휩쓸려 들어가는 것이다. 그곳은 모든 관계─하나님과의 관계, 다른 사람들과의 관계, 피조물과의 관계─에 '옳음'이 고루 스며드는 곳이다.

우리에게 왜 교회가 있는가? 임재 안에 '거하기' 위해서다. "우리에게 왜 교회가 있는가?"라는 질문에 그것을 답으로 내놓을 그리스도인들은 (설령 있다 해도) 분명히 많지 않을 것이다. 답은, '그 임재 안에 거하기 위해서'다.

그렇다면 예배 때에 우리가 정말로 하는 일은 무엇인가? 우리로 임재 안에 거하지 못하게 막는 것들은 씻어내고, 우리로 임재 안에 계속 거하게 해주는 것들에는 살을 더 입히는 것이다. 교회가 우리를 위해서 있는 것이 아니다. 우리가 교회를 위해서 있는 것이고, 교회는 세상을 위해서 있는 것이다. 교회는 종교적인 상품들과 서비스들의 제공자가 아니다. 교회는 함께 임재 안에 거하는 사람들의 언약 공동체다. 예배의 핵심은 우리가 함께 있는 시간이 아니다. 예배의 핵심은 우리가 흩어져 있는 한 주간, 우리가 들어서려고 하는 한 주간이다. 기독교는 일요일의 경험이 아니다. 일요일 한 시간의 구경거리가 아니다. 우리는 예배를 종교의 전부로 만들었다. 그러나 사실 예배의 목적은 서로를 '안으로' 안내하고, 더 중요하게는, 서로를 '밖으로' 안내하는 것이다. 우리가 계속 임재 안에 거하도록 말이다.

우리가 이 세상에서 연습하도록 부름 받은 임재는 예수님이 연습(실천)하신 바로 그 임재다. 하나님의 임재는 "하나님이 세상을 이처럼 사랑하사"라는 가장 다층적인 네 단어로 이루어진다. 사실 그 임재에 대한 기독교 메타내러티브의 본질은 "나는 너를 사랑한다"는 딱 세 단어로 증류될 수 있다.

20개 언어로 말하는 "나는 너를 사랑한다"

아랍어: 아나 베히박/베히벡
버마어: 치트 파 데
네덜란드어: 이크 하우 반 야우
영어: 아이 러브 유
프랑스어: 쥬 뗌므
독일어: 이히 리베 디히
그리스어: 사가포
힌디어: 마이 툼세 피야르 카르타 후
이탈리아어: 띠 아모
일본어: 키미 오 아이 시테루
링갈라어: 날링기 요
북경어: 워 아이 니
나바호어: 아유이 아노시니
노르웨이어: 야이 엘스케르 다이
폴란드어: 코함 치엥
러시아어: 야 쩨비야 류블류
스페인어: 떼 아모
스웨덴어: 여어 앨스카르 데이
웨일즈어: 드위언 드 가리 디
줄루어: 응기야쿠탄다[28]

♡♥ 가장 어려운 세 단어 속의 임재

"나는 너를 사랑한다", 이 세 단어 속에 임재의 정수가 있다. "나는 너를 사랑한다", 이 세 단어 속에 성경적 생활양식의 정수가 있다.

물론 그리스도인들에게는 많은 모습이 있다. 그리스도인들은 진·선·미를 사랑하는 사람들이다. 나그네들을 영접하고, 가벼운 마음으로 위험에 맞서고, 죽음 앞에서 삶을 선택하는 사람들이다. 폭력과 증오 앞에서 희망을 선택하는 사람들이다. 그들의 모습은 그 밖에도 얼마든지 많이 있다.

그러나 다른 모든 것 이상으로, 그리스도인들은 그 존재로 "나는 너를 사랑한다"는 하나님 임재의 세 단어를 말하는 사람들이다. 문제는 이 세 어절이 영어에서 가장 바로 알기 어려운 세 단어라는 것이다. 우리가 살고 있는 문화는 '나'가 신이 되어 버린 곳, '사랑'이 그리스도의 다른 이름과는 거리가 먼 곳, 그리고 사람들이 '너'라는 단어에(그나마 간신히 그 단어를 말할 수라도 있다면) 질식하는 곳이다.

나머지 이 책에서 우리는 이 간단한 세 단어를 살펴볼 것이다. 또한 기독교 메타내러티브가 어떻게 사람들에게 새로운 정체성('나는'), 새로운 성품('사랑한다'), 새로운 친밀함('너를')을 주는지 살펴볼 것이다.

그러니까, 우리가 그 말을 바로 하는 법을 배울 수 있다면 말이다.

I ♥ LOVE YOU

제2부
"나는 너를 사랑한다" 이야기

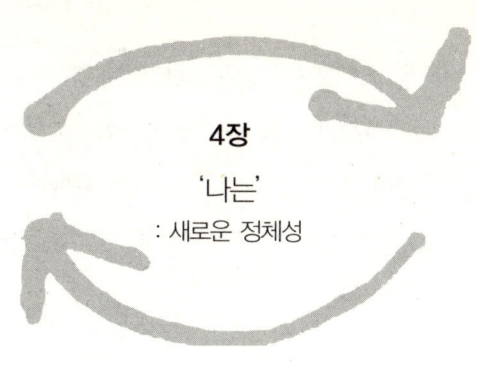

4장

'나는'
: 새로운 정체성

하나님을 닮도록 지음 받은 새 자아를 입으라.
- 에베소서 4:24(TNIV)

오, 곧추선 나(I)라는 단어의 위력과 오만이여. 잘 보면 영어의 '나'는 언제나 대문자다.

잘 보면 영어의 글자 'I'는 바벨탑처럼 보이기까지 한다. "나를 보라! 내가 무슨 일을 할 수 있는지 보라!"며 하늘을 찌르는 철검(鐵劍) 같다.

하지만 조심하라. 교만은 넘어짐의 앞잡이가 아니다. 교만이 곧 넘어짐이다. 죄란 내가 중력에 끌려 붕괴되는 것이며, 유난히 비대한 자아가 자기 자신 위로 쓰러지는 블랙홀 현상이다. 내 안의 어두움만큼 어두운 것은 없다. 곧추선 나(I) 속에 극악무도한 악이 도사리고 있다.

그러나 이 이기적인 철침이 아무리 문제가 많아도 우리는 무조건 나를 무시할 수는 없다. 먼저 '나'를 바로 알지 않고서는 절대로 "나는 너를 사랑한다"를 바로 알 수 없으니 그것은 당연한 일이다. 우리들 개개인이 누구인가를 예수님이 이해하신 것처럼 이해하지 않고서는 우리는 예수님이 실천하신 사랑 및 다른 사람들을 사랑함에 절대로 다가갈 수 없다.

♡ ♥ 신격화된 나

일인칭 대명사 '나'는 영어에서 가장 신격화된 단어다.

영화배우 말론 브랜도가 가장 좋아한 두 단어는 말론과 브랜도였다고 한다. 당신과 나에 대해서도 똑같이 말할 수 있다. 강조 부분에 당신이나 내 이름만 대입하면 된다. 초창기에 "투나잇 쇼"를 진행한 잭 파(Jack Parr)는 코미디언 스티브 앨런(Steve Allen)에 대해서 "나도 그를 좋아하지만 그가 그 자신을 좋아하는 정도에는 못 미친다"[1]고 말한 바 있다. 러시아의 위대한 작가 막심 고르키는 하나님과 소설가 레오 톨스토이가 한 우주 안에 자리할 공간은 있을 수 없다고 말했다. 축출된 이라크 지도자 사담 후세인은 프랭크 시나트라 버전의 "마이 웨이"(My Way)를 자신의 쉰네 번째 생일의 주제가로 골랐다.

아무리 아니라고 항변해도, 포스트모던 문화는 바바라 스트라이샌드 교리("사람들을 필요로 하는 사람들")보다는 시나트라 교리("내 방식대로 했노라")에 더 중독되어 있다.

내가 좋아하는 작가들 이야기 가운데 하나를 보면, 어떤 파티에서 두 명의 저자가 대화를 나누고 있다. 한 사람이 자신의 최신작에 쏟아진 대단한 서평들을 줄줄이 읊는다. 그러다 그는 자제하면서 다른 저자에게 말한다. "어, 내 얘기는 이쯤하고 자네 얘기를 해 보세. 자네는 내 최신작을 어떻게 생각하나?"

새로 생겨나는 어느 교회 진영들에 있게 될 때, 나는 그 이야기가 생각난다. 그런 곳에서는 홀로인 '나'는 기피인물이다. 그런 곳에서는, 중요한 것은 공동체이며, '나'를 주장하는 것이라면 무엇이든 맹비난을 가한 후에 제자리에 돌려놓는다. 그러나 새로 생긴 교회든 물려받은 교회든 하나같이 광고하는 내용들을 읽어 보면, 하나님이나 기독교 공동체보다는 글쓴이 자신의 삶과 마음 상태를 훨씬 더 많이 알게 된다. 심지어 공동체에 관한 그리스도인들의 글에도 주제의 중심은 자기 자신 외에는 없다.² 현대 영성의 핵은 하나님이 아니라 자아다.

♡♥ 죄악시되는 나

일인칭 대명사 '나'는 영어에서 가장 죄악시되는 단어다.

어떤 옛 이야기에 보면 어느 훌륭한 영적 스승이 천국에 올라가서는 안에 들어가려고 낙원의 문을 두드렸다고 한다. 얼마 후에 하나님이 문에 오셔서 물으셨다. "거기 누구냐? 누가 문을 두드리느냐?"

"나입니다." 자신에 찬 대답이 나왔다.

"미안하다, 아주 미안하다. 천국에 방이 없으니 가라. 다음에 다시 오라."

그 선한 사람은 거절에 놀라서 어리둥절해하며 그곳을 떠났다. 그 이상한 응접을 곰곰 생각하고 묵상하며 몇 년을 보낸 후에 그 사람은 다시 가서 문을 두드렸다. 그리고 똑같은 질문과 비슷한 반응에 부딪혔다. 이번에도 천국에 방이 없고 당장은 꽉 찼으니 나중에 다시 오라는 것이었다.

그 후로 몇 년 동안 이 스승은 자신의 영혼을 성경에 점점 더 깊숙이 적시며, 마음속으로 삶의 진리를 곰곰이 되새겼다. 그렇게 오랜 시간이 흐른 후에 그는 세 번째로 천국 문을 두드렸다.

다시 하나님은 물으셨다. "거기 누구냐?"

이번에 그는 이렇게 대답했다. "당신입니다."

그러자 문이 활짝 열리면서 하나님이 말씀하셨다. "들어오라. 나와 네가 있을 방은 한시도 없었다."³

과학 일각에서는 신만 존재하지 않는 것이 아니라 나도 존재하지 않는다고 말하면서, '나'는 갈수록 더 문제시되고 있다. 우리는 영이나 혼이 아니라 일련의 화학 반응들에 지나지 않으며, 의식이란 뇌에서 벌어지는 화학 과정들의 부수적 결과라고, 그들은 말한다. 우리는 성격이나 심지어 인격체도 아니고 다만 원자들과 어떤 임의의 화학 작용들의 축적물일 뿐이다.

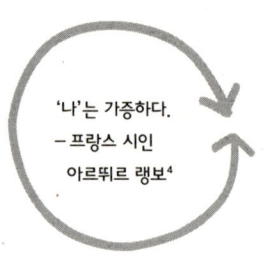

'나'는 가증하다.
– 프랑스 시인
아르뛰르 랭보⁴

역사의 모든 전체주의적 충동은 '나'를 눌러서 그 존재를 말살하려 해 왔다. 한 철학자는 '공동체'를 부르짖는 포스트모던 사람들의 파시즘 조짐을 우려하며, 오히려 '나'가 아닌 '우리'를 '위험한 대명사'로 지목했다.⁵ 역사의 시각도 더불어 그의 입장을 확증해 준다. 사실 전체주의 시대의 정체성의 표지는 개인을 공동체에 종속시키는 것이었다. 6백만의 유대인을 죽인 대학살이 한창이던 1944년에 이미 오스트리아 철학자 루트비히 비트겐슈타인(Ludwig Wittgenstein, 유태계 이름)은 다

수 속의 실종에 대하여 이렇게 경고했다. "어떤 고뇌의 부르짖음도 한 사람의 부르짖음보다 더 클 수 없다." 또는 (다른 번역으로) "어떤 고뇌도 한 인간이 아파할 수 있는 것보다 더 클 수 없다." 하나 더, "온 지구의 고통도 한 영혼의 고뇌보다 클 수 없다."⁶

개인이 사회를 위하여 존재할 때, 그것이 파시즘이다.

나는 히틀러 치하 때 제조된 5마르크 동전 하나를 이베이(eBay)에서 구했다. 그 동전 한쪽에는 포츠담 교회의 형상이 있고 그 위에 나치 십자장이 있다. 그리고 가장자리에 독일어로 이런 글귀가 찍혀 있다. "공익이 사익에 우선한다." 비슷하게, 마르크스주의 사상도 개인의 권리를 기존의 지배 구조를 옹호하기 위한 이념적 탈이라고 조롱했다. 중국의 공산주의 혁명과 '모택동 복장'을 국민 제복으로 강요한 일은 모든 사람의 외양과 사상을 똑같게 만들려는 시도였다. 당연히, 전투 중에 사망한 군인들에게 개인 묘지를 주고 표식을 새기는 전통을 처음 시작한 것은 전체주의 체제들에 대항한 20세기의 싸움이었다.⁷

♡♥ 나한테 돌아올 득은?

포스트모던 사람들에게는 "나한테 돌아올 득은?"이라는 커다란 단추가 있다. 그리고 그들은 항상 그것을 누르고 있다. 자아의 주권은 이제 최고 통치자로 군림한다. 이런 문화 전반은 사람들을 자아라는 마약 연기에 취하도록 부추긴다. 우리 시대의 일대 만병통치약은 "그냥 너 자신을 조금만 더 사랑하라"는 것이다.

내 말이 과장으로 보이거든 스페인 철학자 미구엘 데 우나무노 (Miguel de Unamuno)가 처음 제안한 이것을 시험해 보라. 그는 모든 사람에게 다음 두 가지 중에서 선택할 것을 제안했다. 당신은 영원히 남을 불후의 명작을 창작할 수 있으나 단, 무명으로 해야 한다. 또는 당신의 작품은 완전히 망각되겠지만 당신의 이름은 전설 속에 살아남을 수 있다. 당신이라면 어느 쪽을 택하여 길이 살겠는가? 익명의 미(美)인가 아니면 전설적인 명예인가?

"다 겪어 보고 다 해 보았다"는 식의 의식 구조도 우리의 자아 중독의 또 다른 표현이다. 그레고리 H. 헤밍웨이(Gregory H. Hemingway)는 「파파」(Papa)라는 제목으로 자기 아버지 어니스트 헤밍웨이의 전기를 썼다. 1976년에 그는, '나'의 여신을 섬기느라 몇 번이나 이혼한 자기 아버지에 대해서 이런 잊지 못할 말을 썼다.

> 한 아내와 한동안 결혼생활을 하고 나면 그는 자신이 정체되기 시작한다고 느끼곤 했다. [그러나]…옥탄가 높은 창조 에너지의 정기적 주사는 매번 더 많은 회한과 후회의 후유증을 남겼다.…길가에 버려진 자기 처자식들을 뒤돌아 보며 그들의 그 멍한 눈빛을 보려면, 자신의 무언가를 잃지 않을 수 없다.[8]

우상화된 '나'를 벗겨내지 않는 한, 결혼생활은 뭔가 더 좋은 것이 나타나거나 내 필요가 바뀔 때까지만 필요한, 하숙집이나 간이역이 되고 만다. '완전한 만족'이 없으면 나는 서둘러 탈출하거나 더 최신 모델로 업그레이드하여 교환하면 그만이다. 삶에는 그런 보장된 소비자 만족이 딸려 와야 한다는 것이 세간의 통념이다.

구부러져 안으로 향하는 나(영어 철자 I를 뜻함―역주)는 자기 내면을 깊이 성찰하는 나와는 크게 다르다. 더 많이 구부러질수록 그것은 더

신(神)이 되고, 그 편협한 연민들과 꿈들에 목이 졸려서 더 고립되고 외로워진다.⁹ 관리의 대가 켄 블랜차드(Ken Blanchard)는 '자아'(ego)를 '하나님을 밀쳐냄'(edging God out)의 머릿글자로 보았다.¹⁰ 자아는 영혼을 마구 먹어대는 가장 게걸스런 육식 동물이다.

당신이 가장 그리스도인답지 않을 때는 언제인가? 당신의 나(I)가 비대하게 구부러져 있을 때다. '온통 내가 중요할' 때다. 당신이 가장 그리스도인다울 때는 언제인가? 당신의 나(I)가 좁게 똑바로 서 있을 때다. 당신의 세상이 하나님과 다른 사람들과 피조세계를 중심으로 돌아갈 때다.

나는 휴스턴 발 비행기에서 어떤 여자의 옆자리에 앉았던 일이 영 잊히지 않는다. 그녀의 부풀어 오른 얼굴과 퍼렇게 멍든 부위가 있는 피부로 미루어보아, 성형 수술을 받고 집으로 돌아가는 길임을 알 수 있었다. 그러잖아도 나는 극단적인 화장이 유행하고 있다는 글을 그즈음에 막 읽은 터였다. 젊어 보이려고 심지어 손에도 성형 수술을 한다고 했다. 그 전 해(2003년)에 미국에서는 2백만 명의 여자가 보톡스 주사를 맞았다. 여자만 그렇다. 미국에서만 그렇다. 해마다 지방 흡입술의 결과로 죽는 사람이 유방암이나 교통사고나 살인으로 죽는 사람보다 더 많다는 미국성형재건외과협회의 조사 결과에 대해서는 아무도 말하려고 하지 않는다.¹¹

내 옆자리에 앉은 그녀는 안전벨트를 꽉 조인 다음에 프라다 백에서 책을 꺼내 그 안에 뭐라고 쓰기 시작했다. 잡지 형태로 간행된 그 책의 제목은 「중요한 건 나」(All About Me)였다.¹²

우리는 자기 자신에 대해서 말하면서 그것을 기도라고 부르기까지

한다. 우리의 '중요한 건 나' 기도를 몇 가지 들어 보라.

- 주님, 오늘 저를 곤경에서 구해 주세요.
- 주님, 제 몸에 힘과 지구력을 주십시오.
- 주님, 제게 이 도전에 부딪칠 지혜를 주세요.

우리가 하나님께 내 목표와 목적의 추구를 도와 달라고 하면서 보내는 시간의 양을, 내가 어떻게 하나님의 목적을 추구할 수 있고 내 삶이 어떻게 하나님의 꿈에 들어맞을 수 있는지 알아보고자 하나님 임재를 초음파 검사하듯 살피며 그 임재 안에 사는 데 들이는 시간과 비교해

> 모든 진정한 종교 체험에서 가장 특징적인 표현은 기도다. 인간의 영은 자아 초월을 촉구하시는 하나님의 활동에 구조적으로 열려 있으므로 모든 진정한 기도는 성령께서 불러내시는 것이라 볼 수 있다.
> – 교황 요한 바오로 2세[15]

보라.[13] 영국의 설교자 오스틴 파러(Austin Farrer)는 우리의 많은 기도를 이렇게 묘사한다.

어느 작곡가가 자신의 최신작 교향곡을 지휘하고 있다고 하자. 그런데 드럼을 맡은 평범한 사람이 갑자기 손을 들고서, 그 부분이 별로 재미가 없다며 악보를 고쳐 달라 한다고 하자. 작곡자는 그에게 곡의 구조를 설명해 주는 것 외에 달리 무엇을 할 수 있겠는가? 마찬가지로 우리의 기도 내지 소원도 이것 – 세상이 돌아가는 방식과 그 이유를 공부하라는 말을 듣는 것 – 외에 달리 무슨 응답을 얻을 수 있겠는가?[14]

그렇다고 우리가 중보 기도를 버려야 한다는 말은 아니다. 사실 하

하나님은 우리의 참여가 실제로 하루하루의 결과는 물론 역사의 결과까지 빚을 수 있도록, 우주를 그렇게 짜 놓으셨다. 출처는 잊었지만 내가 제일 좋아하는 간구 기도가 있다. 그것은 아예 내 삶의 일부가 되어 버렸다(인터넷에서 그 조회 수가 1천 6백만에 달하는 것을 보면 나만 좋아하는 기도도 아닌 것 같다).

사랑하는 하나님, 오늘 저는 지금까지는 괜찮게 했습니다. 저는 험담도 하지 않았고 성질도 부리지 않았습니다. 욕심을 내거나 투덜대거나 더럽게 굴거나 이기적이지도 않았습니다. 잘못한 게 하나도 없습니다.
 그 모두가 저는 정말 기쁩니다. 하지만 하나님, 이제 불과 몇 분 후면 저는 잠자리에서 일어날 것이고 그때부터는 많은 도움이 필요합니다. 아멘.[16]

인기 있는 수필가이자 소설가인 앤 라모트(Ann Lamott)는 매일 두 단어를 계속 되풀이해 말하면서 하루를 시작한다. "나를 도와주세요, 나를 도와주세요, 나를 도와주세요."[17] 우리들 각자도 최대한 모든 도움이 필요하다. 그래도 모범적인 아침 기도는 자아가 아니라 그분의 임재에 초점을 둔 기도일 것이다. 또 하루 2달러 미만으로 살아가는 세계 인구의 3분의 1, 하루 1달러 미만으로 살아가는 4분의 1을 올려 드리지 않고서는 끝나지 않을 기도. 기도란 모름지기 자아의 영광보다는 하나님의 영광을 위한 것이라야 옳지 않은가? 우리의 기도는 하나님의 수신자로서의 나보다는 이 세상 속의 하나님의 주소지들에 관한 것이라야 옳지 않은가?

♡ ♥ 나의 가치

　남용과 오용, 하나님을 부인하는 자아 집착의 그 모든 소지에도 불구하고, 그래도 우리는 마치 우리가 그다지 중요하지 않다는 듯이 단순히 나를 없앨 수는 없다. 우리는 또 세상이 우리 없이도 아주 잘 돌아갈 수 있는 것처럼 행세할 수도 없다.

　사실 '나'는 기독교의 접착테이프다. 나는 예쁘거나 우아하지는 않을지 모르지만, 모든 "나는 너를 사랑한다"는 나로 시작된다. 나는 어쩌다가 생겨난 사족도 아니고, 일회용 주제도 아니고, 예의상의 의무적인 언급도 아니다. 사랑은 나로 시작된다.

　과거에는 나의 정의가 달랐을지 모르지만 그래도 나는 늘 있었다. 우리 중에 개신교 전통 안에 있는 사람들은 마르틴 루터의 "내가 여기 서 있습니다"에 큰 빚을 지고 있다. 하지만 이 개혁가가 노골적인 자기 본위로 일인칭 단수 입장을 취한 것은 불가피한 일이다. 한 수사가 전체 교회의 가르치는 권위에 싸움을 걸며 혼자 서 있다? 그거야말로 대문짝만 하게 쓴 '나'다.

　"모든 인간은 세상이 나를 위해서 창조되었다고 말할 의무가 있다"[18]고 랍비들은 말했다. 내 영성 훈련 가운데 하나는, '낳고 낳고'로 이어지는 성경의 많은 고문(拷問) 같은 명단들 속의 이름을 일일이 공들여 읽는 것이다. 그 각각의 명단은 개체성을 말살시키려는 모든 전체주의적 시도에 대한 항변이다. 하나님의 경륜에는 서류상에 없는 밀입국자란 없다. 물론 우리는 이 땅에서 나그네다. 그러나 하나님은 우리들 각자의 이름을 아신다.[19]

　어떤 개인도 소모품이 아니다. 하나님께 인간이 '필요하다'는 말이

가능한 만큼까지, 하나님께는 모든 인간이 다 필요하다. 미시나(산헤드린 4:5)의 유명한 말로, 인류는 아담과 하와라는 한 부부의 후손이며, 이는 한 생명을 멸하는 것은 온 세계를 멸하는 것이며 누구든지 한 생명을 구하면 온 세상을 구하는 것임을 우리에게 일깨워 준다.[20]

계몽주의 전까지만 해도 세상의 구조는, 사람들이 '자아'를 말 그대로 유산으로 물려받도록 되어 있었다. 당신의 일생의 운명은 당신의 출생 사건으로 정해졌다. 나는 나의 가족, 민족, 사회경제적 지위로 규정되었다. 내가 자유롭고 자율적이고 진공 포장된 핵 자아이며, 그 속에 자연과 공동체와 하나님을 떠나서 발견하고 탐색해야 할 중요한 정체성이 숨어 있다는 개념은, 사실상 존재하지 않았다. '정체성 문제'가 존재했다면 그것은 자기 인생의 미리 정해진 운명과 화해하고 거기에 만족하는 문제였다.

> '개체화'란 인간의 '정체성'을 이미 주어진 것에서 '과제'로 전환시킨 데 있다.…자기 자신이 되어야 한다는 것이 현대 생활의 특징이다.
> — 사회학자 지그문트 바우만[21]

오늘날은 그렇지 않다. 우리는 유례없는 자유로 각자의 삶을 선택하고 통제할 수 있는 세계에 살고 있다. 오늘 나의 '정체성 문제'는 물려받은 자아와 화해하거나 현실에 만족하는 문제가 아니라 아예 처음부터 자아 자체를 만들어 내는 문제다. 오늘 우리는 자기 자신을 고안한다. 자신의 정체성을 제조하되 공동체와 가족과 환경과 사회와 하나님을 떠나서 그리하려고 한다. 개인이 자신의 삶을 통제해야 하고 실제로 그리한다는 개념은 현대 서구 사상이다. 역사의 고속 여정에서, 우리는 학자들이 말한 '자수성가한 인간'에서 '인간이 만든 자아'로 넘어왔다.[22]

나의 주권은 소비자의 주권으로 말미암아 한층 더 심화되었다. 우리가 이 자리에 도착한 것 역시 고속 여행이었다. 소비자가 '권리'를 소유하고 '보호'를 필요로 하는 자의식이 강한 역사의 주체로 등장한 것은 19세기까지만 해도 없던 일이었다.²³

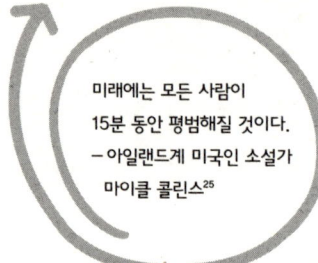

미래에는 모든 사람이 15분 동안 평범해질 것이다.
— 아일랜드계 미국인 소설가 마이클 콜린스²⁵

이 모두가 우리를 오늘 우리가 있는 자리로 데려다 놓았다. 진리의 추구는 자아의 추구로 대체되었다. 역사상 처음으로 '내'가 직접 저자가 되어 자신의 인생 이야기를 쓸 수 있게 되었다. 사람들이 자기 힘으로 자아를 구축하려고 조립품 세트를 애타게 찾는 것도 무리가 아니다. 또 자기수양, 자존감, 성공 비법 책들의 매출은 각자의 입맛대로 개인의 맞춤형 마이크로내러티브를 쓰려고 진행되는 방대한 양의 실험에 대한 방증이다.²⁴

♡♥ 진짜 정체성 문제

아이러니는 우리가 '스스로' 정체성을 만들어 낼수록 그만큼 더 다음 둘 중 하나의 사태가 벌어진다는 것이다. 즉, 우리는 신중하게 지어진 우리의 정체성을 서서히 잃거나, 아니면 우리의 모습이나 소리나 존재가 결국 다른 모든 사람들과 똑같아진다. 두 경우 모두, 우리의 진짜 정체성은 없다.

당신의 정체성을 잃는다

신분(정체) 도용은 현실이다. 물리적으로도 그렇고 영적으로도 그렇다. 우리의 '나'는 빠른 속도로 희석되어 흩뜨려진다. 심지어 도둑맞기까지 한다. 다섯 명 가운데 한 사람은 신분 도용 범죄를 당해 본 적이 있다. 사기꾼은 주민번호나 운전면허증 번호 같은 중요한 정보를 입수한 다음, 그 정보를 자신의 이득을 위해서 사용한다. 21세기의 강도들에게 있어서 텔레비전과 DVD 플레이어는 은행거래 내역서나 기타 서류로 훔쳐낼 수 있는 개인 정보보다 그 가치가 훨씬 떨어진다.[26]

우리의 영적 정체성도 비슷한 방식으로 도둑맞는다. 악한 자가 한밤중의 도적처럼 와서 하나님의 아들딸이라는 우리의 신분을 도적질하고 약탈하고 빼앗는다고 성경이 가르치지 않던가? 사실 포스트모던 문화에서 영적 신분 도용의 중요한 지표는, '경계성 성격 장애'라는 정신과의 진단이 유행하고 있다는 것이다. 이 장애의 증상은 아주 많지만 한 가지 공통점이 있다. "내가 누구인가?"에 대한 일관성 있고 설득력 있는 내러티브를 쓰려고 사람들이 초긴장이 되어 있다는 것이다. 선택들과 대안들이 하도 많다 보니 사람의 정체성이 갈라지고 분열된다.[27] 경계성 성격 장애와 그것의 급증하는 사촌인 다중 성격 장애는 포스트모던 문화의 심리적 푯말이다. 내 이야기가 나에게 통하지 않고 있다, 그래서 나는 또 다른 이야기를 시도할 것이다. 하지만 통하지 않는 그 이야기도 나는 완전히 버릴 마음은 없다, 그래서 그냥 다른 것을 보탤 것이다.

자신의 이야기를 더 크고 더 좋은 줄거리로 개작해 줄 사람 또는 (내부나 외부의) 교열 편집자를 찾는 사람들에게, '명사(名士) 문화' 전체는 내러티브의 한 통로로 보일 수 있다. 그러나 명사의 입장에서 보면 그것은 악마 대신 흡혈귀들을 상대로 한 파우스트 같은 거래다. 명사가 되는 대가(代價)는 자아 상실이다. 당신이 공공의 소유물이 되면서 '자아' 자체가 당신 밖으로 흡출된다. 당신에 관한 모든 것—당신의 실체, 본질, 인격성—이 대중과의 거래가 되므로 '자아'라는 개념은 증발하고 만다.

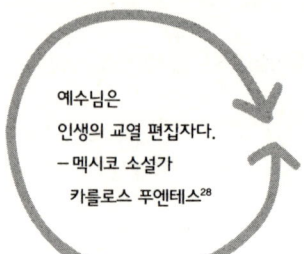

예수님은
인생의 교열 편집자다.
—멕시코 소설가
카를로스 푸엔테스²⁸

무(無)정체성을 얻는다

우리의 나를 우리 스스로 만들어 낼 때 흔히 두 번째로 벌어지는 일은, 결국 모든 사람의 '나'가 똑같아 보인다는 것이다. 개인의 정체성은 무(無)정체성이 된다. 이름과 일련번호와 상표 로고—인종, 계층, 성별, 정치 성향에 대한 현행의 문화적 관습과 신념을 말해 주는—만 찍힌 개 목걸이의 인식표 같은 정체성이 되는 것이다. 생각과 말을 우리가 하기보다는 누가 대신 해준다는 것을 우리는 알게 된다. 스스로 이야기를 지어낼 자유가 있다는 우리의 소신과는 반대로, 우리의 생각과 말을 대신해 주는 권위의 인물은 대체로 정체성을 지어내는 대중 문화계임을 우리는 알게 된다.

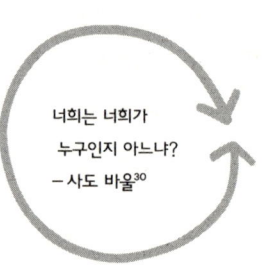

너희는 너희가
누구인지 아느냐?
—사도 바울³⁰

우리는 선택들을 통해서, 또 가능한 대안들 가운데 특정한 것들을 수용하거나 거부함으로써, 무(無)에서 자기 자신을 만들어 낼 수 있다고 생각하지만, 사실은 소비자 문화가 우리를 대량 제조하고 있는 것이다. 판매자들은 우리의 충성을 얻어내려고 다투고, 그 대가로 우리에게 싱거운 정체성을 제공한다. 스스로 만들어 낸 나는 실은 갖가지 조립

라인(대중매체 문화, 자존감 산업 등등)에서 나오는 조립식 정체성이다.²⁹

♡♥ 나의 역설

우리는 정말로 '우리 자신을 지어낼' 자유가 있는가? 우리는 우리 삶의 앙상한 뼈대에 내러티브를 입힐 수 있는가? 우리는 자신의 이야기를 쓰고 통제할 수 있는가?

그렇기도 하고 아니기도 하다.

그렇다, 우리는 할 수 있다

우리가 자신의 이야기를 쓸 수 있는 것은 '나'의 자율성이 에베레스트 산과 같기 때문이다. 그것은 어디로 가지 않는다. 인격체의 가능성은 늘 그대로 있다. 사실 하나님은 우리를 자유의지가 있는 존재로 지으셨다. 인간의 그런 자율성은 분명히 남용될 소지가 있지만, 그래도 그것은 가장 높은 하늘에서 온 선물이기도 하다. 우리의 선택의 자유를 우리는 지옥의 불구덩이에서 온 악한 나르시시즘으로 일축할 수 없다.

> 각 인생의 최종 책임은 언제나 그 인생 당사자에게 있다.
> ─철학자 크와미 앤서니 애피어³²

진짜 질문은 이것이다. 우리는 '나'라는 산을 어떻게 대할 것인가? 나를 지어낼 수 있는 자유에는 우리가 만들어 내는 나에 대한 책임도 함께 따라온다.³¹ 우리의 현재 모습이자 또한 아직 되어가는 중인 '나'에 대해서 우리가 온전히 적극적으로 책임지지 않는 한, 하나님 임재 안에 거하며 "나는 너를 사랑한다"를 살아내는 데 꼭 필요한 헌신을 우리는 도저히 할 수 없다.

이것은 우리에게 자신의 이야기를 직접 써서 '나'를 지어낼 수 있는 능력이 있는가라는 질문에 대한 조건부의 '그렇다'이다. 그러나 자유의지와 자기 창조의 이 '그렇다'는 어쩔 수 없이 부분적인 대답이다.

아니다, 우리는 할 수 없다

나를 스스로 지어낼 수 있는가라는 질문에 대한 전체 답은 또한 '아니다'도 된다. 그리스도인의 삶의 결정적인 특징은 하나님 임재 안에 사는 것이기 때문이다. 그것은 모든 선택이 우리에게 달려 있다는 말이 틀렸다는 뜻이다. 우리는 자신을 지어낼 완전한 자유가 없다. 그러나 우리는 그 임재가 우리에게 정해 주신 정체성을 받아들일 자유는 있다. 모든 자작판(自作版) '나'는 선동죄가 있다.

대명사 나(I)는 역설이다. 이 글자의 양끝은 절대로 만날 수 없을 뿐 아니라 동시에 정반대 방향—위와 아래—을 향하고 있다.[33]

그 임재 안에서 우리는 새로운 정체성을 받는다. 그 정체성은 양극으로 이루어진다. 충만한 영적 삶이 되려면 긍정과 부정이 둘 다 필요하다. 바울이 그것을 아주 잘 표현했다. "이제는 내가 산 것이 아니요 오직 내 안에 그리스도께서 사신 것이라. 이제 내가…사는 것은."[34] 하나님 임재의 천국 계산법에서는, 둘은 정말 하나이고 하나는 정말 둘이다.

♡ ♥ 긍정: "내가 사는 것은…"

성배(聖杯)의 전설에 보면, 모든 기사(騎士)는 가장 캄캄하고 길이 없는 지점에서 숲속에 들어가 성배(그리스도의 피의 잔)를 찾기 시작했다. 그리고 모두 그 일을 혼자 해냈다.

모든 인간은 삶의 미로에 혼자 들어간다.

모든 인간은 음침한 골짜기에 혼자 들어간다.

모든 인간은 영원의 문을 혼자 지나간다.

모든 인간은 심판석 앞에 혼자 선다.

이 책의 마지막 페이지가 나올 것만큼이나 확실하게 당신의 삶은 끝날 것이다. 당신의 '나'가 죽음을 정면으로 바라보게 될 때, 그 자리에 당신과 하나님 외에는 아무도 없을 것이다. 이것은 공동체가 강조되는 요즘의 현실에 대해서 무엇을 말해 주는가?

> 내가 너를 지명하여 불렀나니 너는 내 것이라.
> — 이사야 43:1

요즘 나오고 있는 많은 책들에서 '공동체'가 새로운 금송아지가 되어 버린 것과는 달리, 예수님은 공동체를 가장 중요한 것으로 삼지 않으신다. 그분은 의미심장하고 뚜렷한 방식들로 개인을 높이신다. 하늘을 나는 참새들도 결국 땅에 떨어진다고 예수님은 말씀하신다. 그러나 참새 한 마리의 떨어짐도 아버지의 눈길 밖에 있지 않다. 하물며 아버지의 사랑이 너희들 하나하나를 얼마나 더 덮어 주시겠느냐고 예수님은 말씀하신다.[35]

사실 예수님은 자신이나 자신의 제자들을 공동체가 규정하지 못하게 막으셨다. 예수님은 제자들이 그 자신들을, 그간 가정(家庭)과 공동체가 규정했던 것보다 더 큰 기준으로 규정하기를 기대하셨다("누가 내 모친이며 동생들이냐").[36] 그들은 예수님을 따르기 전에 가족들의 허락을 구해서는 안 되었다("손에 쟁기를 잡고 뒤를 돌아보는 자는 하나님의 나라에 합당치 아니하니라").³⁷ 예수님은 그들에게 공동체의 전통과 기대가 그들의 행동을 결정하도록 두지 말라고 하셨다("죽은 자들로 자기의 죽은 자들을 장사하게 하고").³⁸ "가정이 먼저입니다"라고 하는 사람들에게 예수님은 "내가 온 것은 사람이 그 아비와, 딸이 어미와…불화하게 하려 함이니"³⁹라고 말씀하셨다. "전통이 먼저입니다"라고 하는 사람들에게 예수님은 "내가 불을 땅에 던지러 왔노니 이 불이 이미 붙었으면 내가 무엇을 원하리요"⁴⁰라고 말씀하셨다. 공동체에서—가정과 전통, 심지어 자신의 목숨 자체에서—끊어질 각오가 없는 한 당신은 십자가를 질 수 없다.

세상 속에 태어나려면, 미지의 세계 속에 들어서려면, 우리는 다른 사람들과 끊어지는 모험을 감수해야 한다. 예수님은 가족과 친구들에게 등을 돌리시고, 하나님 임재에 비추어 자신의 정체성을 세우셨다. 그 결과는 '자기답되'(자아에 대한 확신) '이기적'이지(자아로 충만함) 않은 강한 자아의식이었다.⁴¹ 강한 자아의식과 강한 공동체 의식은 상호 배타적인 것이 아니다.⁴²

인간이 동물의 왕국과 구별되는 것은 '나'를 정면으로 드러낸다는 점이다. 인간이 동물의 왕국에서 독특한 것은—예외가 없다—인간은 얼굴을 마주보며 성관계를 한다는 점이다. 생긋 웃는 입과 붉어지는 살과 반짝이는 눈을 다 합해서, 그 얼굴은 내면에 자라는 흉내 낼 수 없는 영혼을 비추어 주는 창이다.

우리가 하나님 임재 속에 흡수되는 것(그리스도와 '연합'하는 것)은, 인간이 우주 속에 흡수됨으로 자신의 구별된 의식과 '나'를 상실하는 불교의 합일이 아니다. 오히려 그 임재 속에 흡수됨으로 우리 자신의 인격성이 완성된다. 리처드 포스터(Richard Foster)는 존 달림플(John Dalrymple)의 말을 이렇게 풀어 썼다.

하나님과의 연합은 우리 개성의 상실을 뜻하지 않는다. 그 연합은 조금이라도 정체성의 상실을 불러오기는커녕 오히려 인격성의 완성을 낳는다. 우리는 하나님이 우리로 하여금 되라고 창조하신 그 모

> [자아란 무엇인가?] 자아는 존재하는 순간마다 되어가는 과정에 있다. 잠재성 속의 자아란 사실상 존재하지 않으며 다만 앞으로 생겨나야 할 그것이기 때문이다.
> ─ 쇠렌 키에르케고르[44]

든 것이 된다. 명상가들은 때로 자신과 하나님의 연합을 불속의 장작에 빗대어 말한다. "시뻘건 장작은 불과 깊이 연합되어 있어 장작이 곧 불이다." 그러면서도 동시에 그것은 장작으로 남아 있다. 이 연합을 용광로 속의 뜨겁게 달궈진 쇠에 비교하는 사람들도 있다. "우리의 성격은 하나님 사랑의 용광로 속에서 변화되지만 상실되지는 않는다."[43]

♡♥ 부정: "내가 산 것이 아니요 오직 내 안에 그리스도께서 사신 것이라"

우리의 자율성의 첫 행동은 우리의 자율성을 제한하는 것이다. 자기 자신이 되려면 우리는 우선 자신을 극복할 필요가 있다. 사상 최대의 영적 통찰 가운데 하나는, 생명을 얻으려면 즉 살리려면 우리 자신을 버려야 한다는 개념이다. 영국 사회학자 데이비드 마틴(David Martin)에 따르면 이것은 '영적 역학 제1법칙'이다. '자신의 생명을 잃어서 그것을 찾는 것'이다.[45]

그리스도인의 삶의 목표는 자신이 만들어 낸 대의와 신조가 아니라

하나님이 친히 택하신 대의와 신조를 위하여 자신을 잃어버리고 소진시키는 것이다. 자기 자신의 방법이나 발언권을 주장하지 않는 사랑이야말로 복음과 현시대 문화 사이의—기독교 메타내러티브와 우리 자신의 미니내러티브들 사이의—마찰의 최대 발화점이 아닐까 싶다. 심리학과 정신분석학도 실은 '영혼 공부'(psyche는 그리스어로 '영혼'을 뜻한다)가 자기수양과 자존감의 컬트로 변질된 것이다. 프랭크 퓨레디(Frank Furedi)는 그것을 '우리 시대의 문화적 신화'라고 정확히 불렀고, 니콜라스 에믈러(Nicholas Emler)는 그것을 '가짜 만병통치약과 동급인 정신치료'라고 했다.[46]

과거에는 사람들이 "내가 괴롭다"고 말하던 것을 요즘은 "무슨 문제가 나한테 있다"고 말한다.[47] 뭔가 질병이나 장애에 걸렸다는 뜻이다. 새로운 증후군과 장애들이 끊임없이 발견되고 있다.[48] 포스트모던 문화에는 자신의 참 자아보다 자신의 신경증과 더 사랑에 빠진 사람들, 자신의 맥박을 재고 공포증을 감시하고 병이 난 곳에 투약하는 데 지극 정성을 들이는 사람들로 가득하다.[49] 우리의 '이슈들'과 '상충된 감정들'은 주로 자신을 가장 중시하지 못하는 것, 자존감 부족에서 온다는 것이다('자존감이 높은' 아이들에 대한 연구

> 우리들 대부분은 성공을 원하고 그래서 아무것도 이루지 못한다. 예수님은 스스로 아무것도 아닌 존재가 되셨고 그래서 영원한 성공을 이루셨다. 우리들 대부분은 자신의 과거를 억압하고 그래서 미래를 위장한다. 예수님은 우리의 과거에 희망을 주시려고 자신의 미래를 희생하실 각오가 되어 있었다. 우리들 대부분은 사람들을 이용할 생각을 하고 그래서 모든 존경을 잃는다. 예수님은 기꺼이 다른 사람들에게 이용당하심으로 존경을 얻으셨다.
> —스코틀랜드 교회 교단에 선출된 최초의 여성 총회장 앨리슨 엘리엇[51]

들을 보면, "자신에 찬 아이들일수록…인종차별주의자가 되고, 남들을 괴롭히고, 음주 운전을 할 소지가 더 높다"고 나오는데도 말이다.[50] 우리는 치료 작업에 '자존감 부족'이라는 말을 끌어들일 때가 얼마나 많은지 모른다.

교회가—복음을 보험 패키지로 제시하면서—자아도취와 소비의 문화에 자신을 팔아넘기는 동안, 오히려 소비자 문화에는 '자아 상실'의 위력에 대한 이해를 보여 주는 접근들이 나오고 있으니 아이러니다. '자아 상실' 쇼핑 경험은 '그루언 전이'(the Gruen transfer, 쇼핑 중에 계획에 없던 것들까지 사게 되는 충동구매—역주)를 중심으로 이루어진다. 이 말은 로스앤젤레스에 기반을 둔 건축가 빅터 그루언(Victor Gruen)의 이름을 딴 것으로, 그는 미로처럼 생긴 신종 쇼핑몰을 처음 설계한 사람이다. 미니애폴리스 외곽의 사우스데일 몰(1954-1955)은 고객이 쇼핑몰을 경험하는 중에 중요한 순간을 맞도록 설계되었다. 즉, 쇼핑 중에 '길을 잃는' 순간을 말이다. 당신은 무엇을 사러 몰에 왔는지 잊어버린 채, 사방에서 쏟아지는 쇼핑의 유혹들에 굴하고 만다.

그러나 쇼핑의 미로에서 '길을 잃는' 것의 요지는, 공동체의 향상이 아니라 여전히 자기탐닉이다. 자기몰입과 '치료만능주의'(therapism)의 해독제는 '앨저리즘'[52](Algerism, 역경을 딛고 성공하는 영웅담을 주로 쓴 미국의 소설가 Horatio Alger Jr.의 이름에서 나온 말로 아메리칸 드림을 상징한다—역주)이 아니라 이타주의, 자기의존이 아니라 자기초월이다. 기독교 영성은 성령의 선물로 말미암아 그리스도를 통하여 하나님을 경험하는 자기초월적 경험이다.[53] 의식(儀式), 예술 작품, 피정[retreat, 나는 '전진'(advances)이라는 말이 더 좋다(retreat에 후퇴라는 뜻도 있는 데서—역주)], 영성 훈련들—이것들은 자아를 발견하는 수단이 아니라 자아를 초월하는 수단이다.⁵⁴ 기독교 메타내러티브가 구하는 것은 자아실현이 아니라 자기초월이다. 우리는 왜 만족을 구하기보다 하나님을 구하지 않는 것일까?

우리에겐 과연 이슈들이 있긴 하나 그런 이슈들은 얼른 생각날 만한 것들이 아니다.

- 우리의 이슈는 "내가 원하는 것이 무엇인가?"가 아니라 "나에게 원하는 것이 무엇인가?"다.
- 우리의 이슈는 "당신이 어떻게 내 필요를 채워 줄 수 있나?"가 아니라 "내가 어떻게 세상의 필요를 채우고 있나?"다.
- 우리의 이슈는 "내 요구가 무엇인가?"가 아니라 "하나님이 내게 요구하시는 것이 무엇인가?"다.
- 우리의 이슈는 "내가 맨 위에 있는가?"가 아니라 "나는 준비되어 있는가?"다. 나는 하나님이 언제든지 쓰시도록 드려져 있는가?
- 우리의 이슈는 "어떻게 내 노정을 직접 정할 수 있을까?"가 아니라 "어떻게 하나님의 길을 찾아서 따를 수 있을까?"다.
- 우리의 이슈는 "네 삶을 주관하라"가 아니라 "네 삶을 하나님이 주관하시도록 하라"다.
- 우리의 이슈는 "내가 얼마나 특별한 존재인지 보라!"가 아니라 "주님의 높고 위대하심을!"이다.

삶이란 "가서 자신을 구글(Google)하라"가 아니라 "가서 하나님을 구글(Google)하라"다(구글 광고 문안에서-역주). '나'가 '신처럼' 되려고 할 때, 내려가지 않고 올라가려고 발버둥 칠 때, 나는 문제에 빠진다. 영적 여정은 우주의 중심인 자아의 아기 울음으로 시작되지만, 그렇다고 우주의 중심으로서의 울보 자아를 지향하지는 않는다. 오히려 그것은 다른 사람들과 하나님에 대한 경험을 지향한다. 성경적 영성의 노선은 자아와는 멀리 떨어져 있다. (문화가 테러리스트들에 대해서 이상하고 괴팍하다고 생각하는 그 점이 사실은 이상하고 괴팍하지 않은 점이니, 곧 그들은 자신의 신앙을 위해서 죽을 각오가 되어 있다. 정작 테러리스트들의 이상하고 괴팍한 점은 그들이 무죄한 생명들을 서슴없이 죽인다는 것이다.)

기독교는 자아실현보다는 자기희생이다. "우리는 다 양 같아서 그릇 행하여 각기 제 길로 갔거늘."[55] 기독교는 자아 여행은 부질없는 여정이라는 진리를 내놓는다. 자아 여행은 방황의 티켓이다. 반대로, 하나님 임재의 영성은 자기중심성의 붕괴의 다른 이름이다.[56] 미국의 성공 이야기를 기준으로 살려고 하면 우리는 거짓 삶을 살고 있는 것이다. 그것은 사랑 이야기가 아니다. 그것은 홈투성이의 이기적인 이야기다.[57] 우리는 누구의 성공 척도를 택할 것인가?

♡♥ 비움으로 채워진다

릭 피티노(Rick Pitino)는 루이빌 대학교 농구 수석코치다. NCAA(프로비던스 대학과 켄터키 와일드캐츠 팀)에서나 NBA(보스턴 셀틱스와 뉴욕 닉스)에서나 그의 성공 이력은 전설적이다. 피티노의 베스트셀러 저서 「성공을 부르는 승자의 조건」(*Success Is a Choice*, 현대미디어 역간)에 보면 성공의 10단계가 나온다. 여기 '피티노 10대 조건'이 있다.

1. 자존감을 높이라.
2. 목표는 벅차게 세우라.
3. 항상 긍정적으로 생각하라.

4. 좋은 습관을 키우라.

5. 대화의 기술을 계발하라.

6. 본받을 만한 사람들에게 배우라.

7. 압박감을 이용하라.

8. 무서울 만큼 끈기를 지니라.

9. 역경에서 배우라.

10. 성공을 이겨내라.[58]

여기 완전히 다른 성공 모델이 있다. 너 자신을 극복하라, '나'를 내려놓으라. '채움'(plerosis)은 '비움'(kenosis) 속에 있다. 비움이야말로 기독교 사랑 이야기의 첫 단어다.

우리가 알고 있는 세례라는 의식이 있기 이전에, 독실한 유대인들이 의무적으로 행해야 했던 의식이 많이 있었다. 그중 하나가 "백향목과 홍색 실과 우슬초"를 사용하도록 되어 있던 의식이다.[59] 이 각각의 재료는 랍비들에게 상징적으로 중요한 것들이었다. 백향목은 가장 큰 나무에서 온다. 우슬초는 가장 낮은 관목에서 온다. 홍색 염료(히브리어로 tolaat)는 벌레에서 온다. 우리의 많은 신체적·영적 질병들이 교만(백향목의 거만한 우월감)에서 오므로, 치료는 우리가 우슬초의 겸손과 벌레의 비천함을 배울 때에만 온다.[60] "백향목과 홍색 실과 우슬초" 때문에 유대교 교사들은, 우리가 만나는 모든 사람을 나보다 낫게 여겨야 한다고 가르쳤다.[61]

하나님 임재는 자아에 몰입된 우리 문화를 향하여 말한다. 먼저 '나'를 내려놓지 않는 한, 먼저 곧추선 나(I)라는 글자를 줄그어 지우지 않는 한, 자아를 내려놓고 희생하지 않는 한, '에고'들⁶²을 비밀로 해 두지 않는 한, 당신은 '사랑'을 알 수 없다고 말이다. '나'를 비우지 않는 한 당신은 하나님 임재로 충만해질 수 없다. 교만은 우리의 가장 큰 적이고 겸손은 우리의 가장 큰 동지다. '나'라는 말을 바로 알려면, 하나님 임재 안에서 '성공'하려면, 우리는 먼저 나(I)라는 글자를 줄그어 지워야 한다. 줄을 그어 지우면 I 는 + 가 된다. 우리가 지고서야 그리스도를 따르는 십자가가 된다. 우리는 그분 안에서 산다.

20세기 초 켄터키에서 사상 최대의 '성공' 이야기 중 하나가 벌어졌다. 루터 B. 브리저스(Luther B. Bridgers)는 감리교 목사로 섬기고 있었다. 1910년의 어느 겨울날 저녁 그는 부흥집회에서 설교하던 중에, 켄터키 주 해로즈버그에 있는 자신의 처가로 지금 당장 돌아오라는 전갈을 받았다. 그가 부흥회를 인도하는 동안 그의 아내는 세 아들을 데리고 친정집에 가 있었다.

브리저스가 해로즈버그에 도착했을 때에는 이미 그의 처가와 처자식이 몽땅 잿더미가 된 후였다. 그는 가슴이 찢어질 듯한 비탄에 잠겨 그 자리에 서 있었다. 그 한 번의 화마의 불꽃 속에서 그는 부르짖었다. "내 모든 삶 파멸되고…."

그러나 그의 말은 이렇게 이어졌다.

> 하나님의 주권적 통치에 반항하는 우리 모두는 그분의 아들이 당하신 거부를 함께 당한다. 그러나 그분이 제시하시는 화해는 우리 모두에게 미친다. 우리가 해야 할 몫은, 우리 스스로 방향을 찾는 힘이 다 소진되었음을(말하자면 우리의 총탄이 다 떨어졌음을) 인정하고 마침내 하나님의 통치와 교제에 굴복하는 것이다. 우리는 굴복해야 한다. 속죄는 쉽게 설명할 수 없지만, 언제라도 경험할 수 있는 것이다.
> —퀘이커교 학자 아서 O. 로버츠⁶³

내 모든 삶 죄와 싸움에 파멸되고
불화로 내 삶에 고통이 가득했네.
예수께서 끊어진 줄 퉁기시며
잠자던 현(絃) 다시 깨우시네.

"계속 노래하게 하시는 주"라는 이 노래는 이렇게 그 잿더미 속에서 태어났다.

때로 주님 깊은 물속으로 이끄시고
그 길에 시련이 닥쳐도
때로 그 길 가파르고 험해 보여도
늘 함께하시는 주의 발자국 보라.

(후렴) 예수 예수 예수
가장 아름다운 그 이름
내 모든 그리움 채우시고
길 가며 계속 노래하게 하시네.[64]

성공이란 그리스도께서 어디로 인도하시든지 — 잔잔한 물가든지 푸른 초장이든지 사망의 음침한 골짜기든지 — "선하심과 인자하심이 정녕 나를 따를" 것과[65] 모든 일이 다 잘될 것을 신뢰하는 것이다.

♡ ♥ 하나님 임재 안에 있는 우리의 정체성

자아는 하나님 임재와의 관계 속에서만 이름을 얻고 형성될 수 있다. 우리는 그리스도를 바라볼 수 있도록 자아에서 구원받았다. 임재의 메타내러티브는 우리 자신의 얼굴을 찾으려고 거울을 보기보다는 하나님의 얼굴을 구하는 삶을 내놓는다.[66]

내가 여호와께 청하였던 한 가지 일 곧 그것을 구하리니, 곧 나로 내 생전에 여호와의 집에 거하여 여호와의 아름다움을 앙망하며 그 전에서 사모하게 하실 것이라.…"너희는 내 얼굴을 찾으라" 하실 때에 내 마음이 주께 말하되 "여호와여 내가 주의 얼굴을 찾으리이다" 하였나이다. 주의 얼굴을 내게서 숨기지 마시고.[67]

길 베일리(Gil Bailie)는 코너스톤 포럼(Cornerstone Forum, 천주교 비영리 연구기관—역주)의 설립자 겸 대표다. 그는 우리가 초대교회 교부들에게서 배우고, '자아'보다 '인격'에 대해서 더 많이 말해야 한다

> 나이가 들수록 나는 대화하는 인간들 사이의 공간이 거룩한 땅일 수 있다는 확신이 더욱 굳어지고 있다.
> —미스터 로저스[69]

고 믿는 사람이다.[68] 또 그는 '인격'의 성경적 이해를 '자기 자신의 이름으로 오지 않는 사람'이라고 정의하는데, 이는 포스트모던 문화가 상상할 수 있는 가장 극단적인 시각이다.

인격(person)이라는 단어는 넌지시 빗댄 말이다. 그것은 그리스 무대의 가면

인 페르소나(persona)에서 왔으며, 교회 교부들이 "너희는 나를 누구라 하느냐" 하신 예수님의 큰 질문을 이해하려고 그 말을 사용할 때까지는 심각한 철학적 의미가 전혀 없었다. 교회 교부들은 그리스도 혼자만으로는 그분을 하나의 정체성으로 기술할 수 없다는 것을 깨달았다. 요한복음에 그분은 "나를 본 자는 아버지를 보았다"고 하신다. 또 "나는 아버지 안에 있고 아버지는 내 안에 계신다"고 하신다. 또 "내가 스스로 아무것도 하지 아니하고 오직 아버지께서 가르치신 것만 말한다"고 하신다.[70]

베일리에게 있어서, 세상에서 가장 강력한 주장은 "나는 내 아버지의 이름으로 왔으매 너희가 영접하지 아니하나 만일 다른 사람이 자기 이름으로 오면 영접하리라" 하신 예수님의 주장이다.

이보다 더 현시대에 딱 맞는 말은 있을 수 없다. 누구든지 자기 이름으로 오지 않으면 우리는 그 사람을 수상하게 본다. 자기 자신의 이름으로 와서, 자신의 인격이 되고, 자신의 자랑을 해야 한다는 것이 현시대의 정서다.[71]

예수님이 자신을 보내신 분과의 관계 속에서가 아니고는 기술되기를 거부하신 것처럼, 우리도 항상 자신의 정체성을 정립하는 기준을 내가 누구인가가 아니라 그리스도가 누구인가에 두어야 한다. 우리의 정체성인 참 자아는 우리의 지성과 상상과 감정의 온 힘을 다하여 예수님께 붙어 있을 때에만 찾을 수 있다.

부족 문화들이 가면무도회를 통해서 경험했듯이, 가면은 우리를 자유롭게 해준다. 본 얼굴을 드러낸 상태로는 절대 하지 못할 방식들로 느끼고 행동할 수 있게 해준다. 그리스도의 페르소나를 입을 때 우리는 해방되어 자신의 참 색깔을 드러내게 된다.[72]

그러나 우리의 정체성인 '나'는 또한 우리의 춤 파트너들―하나님 임재 안에 산다는 비슷한 정체성과 인생 목표를 선택한 다른 사람들―과의 관계 속에서도 형성되어야 한다. 내가 나인 것은 그리스도의 정체성을 받고자 나의 자유를 제한했기 때문이기도 하지만, 또한 내가 비슷한 여정을 가는 정체성들의 집단과의 관계 속에 있기 때문이기도 하다. 나는 살갗에 싸인 자아 이상이다. 나의 진정한 공간은 내면의 공간이나 외부의 공간이 아니라 사이의 공간, '가운데'의 공간, 다른 사람들과 공유하는 공간이다. 또는 어느 학자의 표현대로, "개인과 상호의존의 상호작용은 결합성 자아라는 제3의 정체성을 낳는다."[74] 그러나 살갗이란 바로 그것이 아니던가? 우리의 다양한 부위들을 '안으로' 모아 주면서 또한 동시에 그 모아진 전체를 '바깥의' 우주와 이어 주는 결합 조직 말이다.

> 사랑이신 하나님(그리고 하나님이신 사랑)이 무제한으로 흘러넘치시고, 남아도시고, 비우시고, 놓아 보내시기 때문에, 삶과 담화는 연합과 축제와 소통이 될 수 있다.
> ―제임스 H. 올투이스[73]

차차 보겠지만 우리가 하나님 임재 안에서 발견하는 새로운 정체성은 우리 각 개인에게는 물론 공동체에도 의미가 있다. 이 이중 의미를 우리는 가장 어려운 세 단어 중 두 번째인 사랑의 매개를 통해서 깨닫는다.

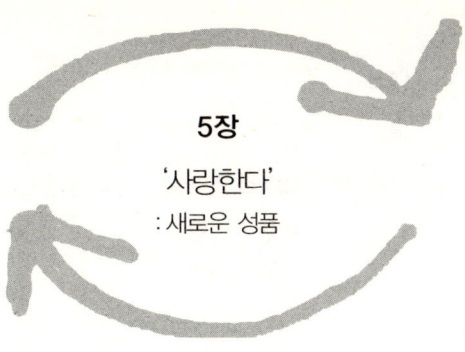

5장
'사랑한다'
: 새로운 성품

중요한 것은 생각을 많이 하는 것이 아니라 사랑을 많이 하는 것이다.
— 아빌라의 성 테레사

한 인류학자가 호피(Hopi)족의 미술과 음악에 비가 지배적인 주제임을 보고는, 호피족의 한 지도자에게 그 부족민들에게는 왜 그렇게 비에 관한 노래가 많으냐고 물었다. 호피 지도자는 자기들이 살고 있는 땅에 비가 거의 없기 때문이라고 대답했다. 그러면서 그는 인류학자에게 이렇게 물었다. "그래서 당신들에게는 사랑에 관한 노래가 그렇게 많은 것이오?"[1]

우리가 살고 있는 세상은 사랑 노래들과 사랑 이야기들이 가득 넘쳐나지만, '나' 이상의 것을 생각하는 사랑은 카지노의 창문과 시계만큼이나 찾아보기 힘들다. 우리는 어떻게 사랑하고 사랑받을 것인가? 이것은 오늘날 사람들이 던지는 가장 어려운 질문이다. '사랑한다'는 동사는 행방불명되었다. 우리는 일인칭 대명사 '나'에서 멈추고, 가장 중요한 동사 '사랑한다'는 깨끗이 버린다. 우리는 어떻게 사랑하고 사랑받을 것인가? 힙합 그룹 블랙 아이드 피즈(Black Eyed Peas)도 자신들의 베스트셀러 곡 "사랑은 어디에 있나?"[2]에서 그 질문을 던진다.

♡ ♥ 산성비가 된 사랑

사랑은 영적인 산성비가 되다시피 했다. 실제로 성당들을 삼켜 버리는 빗방울을 만들어 내는 그 똑같은 사고와 행동 방식들이, 본래의 말 뜻대로 사랑하는―하나님의 영광을 높이고 그것을 위해 사는―우리의 능력도 마찬가지로 삼켜 버렸다. 우리가 살고 있는 관계적 대기 오염 속에서, 사랑은 싸구려 저질 영화로 변했다. 우리에게 있는 것은 '사랑의 언약'이나 '사랑의 관계'가 아니라 '사랑의 취향'이다. 십대 아이들은 관계라는 것을 아예 포기했거나 [대신 '맺어 주기'(hook-ups, 성관계까지 포함할 수도 있는 단기간의 사귐―역주)나 '실리적 친구'(friends with benefits, 성관계는 자주 갖지만 서로 애인으로는 생각하지 않는 사이―역주)나 '3회 데이트 법칙'(세 번째 만남 때 여자가 육체 관계를 허락할지를 결정한다는 속설―역주)이나 '데이트 불필요 법칙'(데이트 없는 성관계―역주) 등으로 물러난다] 아니면 연속극 사랑과 '유명인' 사랑에 사로잡혀 있거나 둘 중 하나다. 포스트모던 문화에서 '사랑'이라는 말을 성경적으로 사용하려고 하는 것은 마치 무서운 흉악범들이 늘어선 방을 무사통과하려고 하는 것과 같다.

> 사랑으로 하여금 사랑받게 하라.
> ―리지외의 성 테레사의 인생 사명 문구[3]

"나는 너를 사랑한다"는 간단한 말과 관련된 혼란을 잘 보여 주는 유대인의 민담이 있다.[5] '사랑'이라는 말을 바로 알기가 얼마나 어려울 수 있는지 잘 나타나 있다.

옛날에 어느 낚시꾼이 물에서 큰 창꼬치 한 마리를 낚았다. "이 물고기 큰 것 좀 보게! 남작께 가져다 드려야지. 남작은 창꼬치를 사랑하시니까."

> '개인화'가 사납게 날뛰는 우리 세상에서 관계는 축복이자 저주다. 관계는 달콤한 꿈과 악몽 사이를 왔다 갔다 하는데, 언제 한쪽에서 다른 쪽으로 돌아설지 아무도 모른다. 대부분의 경우 두 아바타가 동거한다.
> ─ 사회학자 지그문트 바우만[4]

그 말을 듣고서 가련한 창꼬치는 자신을 달랬다. "아직은 희망이 있어."

낚시꾼이 영주의 저택 문에 이르자 문지기가 물었다. "무엇이냐?"

"남작께 드릴 창꼬치입니다."

"좋다. 남작은 창꼬치를 사랑하시지." 문지기가 대답했다.

이번에도 물고기는 그 말을 들었다. 저택 안으로 옮겨지면서 그는 숨이 막힐 것 같았지만, 그래도 희망을 보았다. 남작이 창꼬치를 사랑하신다니 말이다.

그가 주방에 들여지자 요리사들이 모두 흥분하여 물고기를 보았다. 그들은 남작이 창꼬치를 얼마나 사랑하는가에 대하여 서로들 고개를 주억거렸다. 이윽고 물고기는 조리대 위에 올려졌고, 남작이 직접 들어와서 물고기를 살펴보았다. "꼬리와 머리를 자르고 이렇게 살을 떠라."

마지막 숨을 쉬면서 물고기가 깊은 절망 중에 소리쳤다. "당신은 왜 거짓말을 했습니까? 당신은 창꼬치를 사랑하지 않습니다. 당신 자신을 사랑하는 것입니다!"

같은 동사의 다른 의미들에 대해서 이 가련한 물고기도 우리만큼이나 혼란에 빠져 있었던 것이다.

영어에서 가장 복잡한 단어는? 인류 역사상 가장 중요한 단어는? 둘 다 답은 '사랑'이다. 하도 많이 사용되고 오용되고 남용되다 보니, 아마도 '사랑'은 가장 사랑받지 못하는 단어일 것이다. 얼빠진 소리들이 가장 많이 쓰인 주제는 다른 어떤 단어보다도 사랑이다. 여태까지 사랑에 대하여 쓰인 가장 멍청한 이 한 문장만 생각해 보라. "사랑은 절대로 미안하다는 말이 필요 없다는 뜻이다."[6]

사랑에 대한 가장 이상한 말은? 키에르케고르는 사랑이 '어느 정도까지'[8] 존재한다는 생각을 굉장히 이상하고 '가장 미련한' 것으로 보았다. 인간은 모든 것으로 사랑하거나 아예 사랑하지 않거나 둘 중 하나다.

> 저의 많은 죄가 사하여졌도다. 이는 저의 사랑함이 많음이라.
> – 피터 아벨라르가 가장 좋아한 성경 구절[7]

여태까지 사랑에 대하여 쓰인 가장 똑똑한 문장은? 네 마음과 목숨과 힘과 뜻을 다하여 하나님을 사랑하고 네 이웃을 네 자신과 같이 사랑하라.[9]

여태까지 쓰인 가장 아름다운 사랑 노래는? 흔히들 말하는 것처럼 "험한 세상의 다리가 되어"가 아니다. 그것은 하나님과 우리의 연애 사건을 노래하는 "하나님이 세상을 이처럼 사랑하사"라는 노래다. 우리는 우리 삶의 방송국에서 이 노래를 틀어 주고 있는가?

언젠가 나는 물고기 표시들과 기타 기독교 문양들로 장식된 자동차 한 대가 불법으로 장애인 주차 공간에 들어서는 것을 보았다. 운전자는 뛰어나와서 체인점 헬스센터로 들어갔다. 어떤 그리스도인들은 이렇게 다중 성격 장애뿐 아니라 야비한 성격 장애까지 앓고 있다. 그리스도인들은 왜 세상에서 가장 잘 사랑하는 사람들로 알려져 있지 않을까? 교회들에 사람이 한 명도 없다고 보고된 미국 유일의 카운티는 텍사스 주 러빙(Loving) 카운티다. 사랑만 충분하면 교회는 필요 없다는 것일까?[10] 그리스도인들은 사람들을 그저 점잖게 대하는 것이 아니라 사랑으로 대하도록 부름 받았다.

하나님 임재는 우리에게 살아갈 정체성을 줄 뿐만 아니라 또한 우리의 삶에 온전한 성품도 준다. 그 성품은 자꾸만 현실 도피를 시도하던 우리를 다시 현실로 부른다. 사랑은 우리 안에 사시는 하나님의 임재요 우리 안에서 일하시는 하나님의 에너지다. 구원이란 기본적으로, 우리 안에 있는 사랑의 잠재력을 풀어 놓는 것이다. 이런 의미에서 구원은 일차적으로 내세나 천국에 관한 것이 아니라 이 땅에 사는 우리 삶의 온전한 성품에 관한 것이다. 오직 사랑만이 이 땅에서 타락의 파괴적 결과를 원상태로 돌려놓을 수 있다.

그래도 우리는 '나'를 바로 말할 줄 모르고는 '사랑'이라는 말을 바로 할 수 없다. 왜 그런가? 사랑의 참된 특성은 다른 사람들의 유익을 위해서 자기 자신을 희생하고 비우고 소모하는 것이기 때문이다. 참 사랑은 다른 사람들이 건너서 하나님 임재 안에 들어갈 수 있도록 나(I)를 기울여 다리를 놓는다. 예수님은 "사람이 친구를 위하여 자기 목숨을 버리면 이에서 더 큰 사랑이 없나니"[11]라고 하셨다. 사랑은 찾는다고 해서 얻는 것이 아니라 오히려 버리고 놓아 줄 때에 얻는 것이다.

♡ ♥ '사랑의 문명' 그 3차원적 성품

아이오나(Iona) 공동체(글래스고우에 본부를 두고 주로 아이오나 섬에서 활동하는 초교파적 기독교 공동체―역주)를 설립한 조지 맥리어드(George MacLeod)가 성전 정화 사건을 묵상한 내용은 우리의 마음을 사로잡는다.

> 그리스도인들은 마음으로 기뻐하고 찬송을 부를 수 있는 아주 복된 사람들이다. 기뻐 뛰면서 발을 구르고 춤을 추라.
> ― 마르틴 루터[12]

주 그리스도시여,
성전에서 주님은 환전상들을
계단 밑 문 밖으로 쫓아내셨습니다.
그러자 그 빈 통로들로 아이들이
기뻐 외치고 날뛰며 들어왔습니다.

여기 맥리어드는 규칙을 지키고 결의를 통과시키고 규정을 집행하는 종교 관료들(나는 그들을 '교회 관리들'이라 부른다)을, 쾌활하게 웃고 떠드는 소리로 성전에 산소를 공급하는 아이들의 자연스럽고 원기 왕성한 시끄러움과 대비시킨다.

우리도 환전상일 때가 너무 많습니다.
진짜 동전을 찾는 많은 사람들을
영적으로 무시한 채 우리는
주께서 비타산적 사랑의 수라장이 되기를 원하신
교회를 하나의 제도로 둔갑시킵니다.[13]

'비타산적 사랑의 수라장'…. 교회의 정의로 얼마나 훌륭한가. 교회는 떠드는 아이들, 창의적인 예술가들, 우리 세상의 평화와 친선을 위한 엉뚱한 야망에 불타는 미친 사람들의 집이다.

> 우리의 계산적인 봉헌과
> 안이한 반응들을
> 우리 마음에서 몰아내소서.
> 그리고 어린아이 같은 믿음이
> 다시 우리 안에 흘러넘치게 하소서.[14]

바울은 교회를 그리스도의 몸에 비유하면서 에베소 그리스도인들에게 그들 자신을 새로운 성전, 하나님의 성전으로 여기라고 권했다.[15] 중세기의 지도들에 예루살렘이 온 세계의 신성한 중심으로 그려져 있는 것은 우연이 아니다. 성전은 하나님의 임재, 즉 그 백성들 가운데 거하시는 거룩한 임재의 상징이었다.[16] 그러나 스데반이 죽으면서 초대 그리스도인들은 '손으로 지은' 성전이 더 이상 필요하지 않음을 깨닫기 시작했다. 살아 있는 유기적인 성전이 교회라는 '몸' 안에 존재했고, 또 분권화된 성전들이 그 교회를 구성하는 '살아 있는 돌'인 개개인들 안에 존재했기 때문이다.

바울은 이어 '그리스도의 사랑'을 말로 다 형언할 수 없다고 인정하면서도, 그 알 수 없는 것을 알도록 우리를 돕고자 성전 이미지에서 끌어온 다차원적 은유를 내놓는다. "능히 모든 성도와 함께 지식에 넘치는 그리스도의 사랑을 알아 그 넓이와 길이와 높이와 깊이가 어떠함을 깨달아 하나님의 모든 충만하신 것으로 너희에게 충만하게 하시기를 구하노라."[17]

성전 전통을 보면, 건물 규격을 정할 때나 거룩한 공간을 손볼 때나 정확한 치수에 만전을 기했다. 성전 안에는 어두움(지성소), 연막, 주조한 바다 등 천국의 면면들이 그대로 복제되어 있었다. 건축물은 물질의 형태를 입은 신학이다. 에베소 그리스도인들에게 보낸 편지에서 바울은, 사랑이라는 영적 건축물의 순수 예술에 대해서 다차원적으로 생각할 것을 우리에게 권면하고 있다. 그 사랑의 건축물이 우리를 "하나님의 충만하신 것"으로 충만하게 한다.[18]

예수회 신학자 이냐시오 엘라쿠리아(Ignacio Ellacuría)는 천주교회가 오래 전부터 '사랑의 문명'이라고 불러 온 미래상을 사실(史實)로 기록했다. 엘라쿠리아는 그것을 세상을 지배하는 '부의 문명'과 '빈곤의 문명'과 대비시킨다.[19] 괜찮다면 나는 사랑의 문명이라는 이 강력한 문구를 하나님 임재의 꿈으로 보고, 거기에 바울 특유의 두 가지 은유—에베소 교인들에게 소개한 성전 이미지와 빌립보 교인들에게 그리스도의 복음에 합당하게 하나님 나라의 "시민 노릇하라"[20]고 권면한 말—를 결합시키고 싶다. 바울은 당대에 영향력과 힘을 얻는 최고의 여권이던 로마 시민권을 내세웠지만, 그것도 더 높은 시민권 앞에서는 하수였다. 그는 하나님 나라의 시민이었던 것이다. 그리고 그 사랑의 문명에서 시민권은 복음으로 인한 특정한 성품, 길이와 넓이와 깊이의 3차원에 싸인 성품 위에 세워졌다.

하나님이 이스라엘 백성에게 건축 사업을 주실 때마다(노아의 방주, 언약궤, 예루살렘 성전), 마지막 한 규빗까지 치수가 명확히 제시되었다. 규빗은 사람의 팔뚝 길이에 해당하는 45센티미터 전후였다. 규빗은 다

차원 공간의 건축을 기술하는 간편한 방법이었다.

하나님 백성의 삶에 대한 이 3차원적 상술은 성경 어디에나 나온다. 랍비들은 "두 사람이 함께 앉고 그 사이로 율법의 말씀이 지나가면 그 둘 사이에 하나님의 임재가 거하신다"²²고 가르쳤다. 두 사람이 함께 모여 공부하고 학습할 때에는, 제3자인 하나님 임재가 그 과정 속에 들어가셔야만 학습이 이루어진다. 다윗은 시편에 "내가 완전한[성품이 온전한] 마음으로 내 집안에서 행하리이다"라고 했는데, 여기 '완전함'으로 번역된 단어 tâm은 사실은 '잘해낸다'는 뜻이다. 온전하게 산다는 것, 하나님 임재 안에 산다는 것은 곧 '잘해내는' 것이다.²³

> 그리스도인들은 역동적이고 건설적인 사랑의 능력을 증거함으로 '사랑의 문명'의 기초를 놓을 것이다.
> ─ 교황 요한 바오로 2세²¹

"두세 사람이 내 이름으로 모인 곳에는 나도 그들 중에 있느니라"²⁴ 하신 약속은, 예수님이 랍비들의 말을 확장하여 거기에 새 생명을 더하신 것이다. 이렇듯 하나님의 첫 건축 사업들의 시공에 사용된 규빗 치수는 하나님의 사랑의 문명에 대한 새로운 3차원적 치수로 대체된다. 교회를 교회 되게 하는 것은 무엇인가? 하나님의 임재다. 그리스도인들이 모일 때는 절대로 그저 둘이 아니다. 언제나 셋이다. 부활하신 그리스도의 마지막 말씀이 우리에게 확신을 준다. "내가 세상 끝 날까지 너희와 항상 함께 있으리라."²⁵ 삶이 3차원에 싸여 있는 한 하나님 임재는 현존하신다.

♡ ♥ 사랑의 3차원

사랑의 문명은 다음 치수로 지어진다.

• 길이 차원의 사랑. 사랑의 성전은 조건을 모른다. 무조건적인 사랑과 충절만 알 뿐이다. 사랑의 성전은 하나님께 완전히 열려 있다. 하나님의 사랑에는 마개가 없고, 하나님의 사랑은 너무 멀어서 미치지 못할 곳이 없다.

• 넓이 차원의 사랑. 사랑의 성전에는 벽이 없다. 피조세계의 소유주인 사랑의 성전은 우리를, 각종 천사들보다 더 기이한 것들이 넘쳐나는 곳인 우주의 신비들과 이어 준다.

• 깊이 차원의 사랑. 사랑의 성전에서는 더 깊이 들어갈수록 더 거룩해진다. 하나님의 사랑은 인간이 내려갈 수 있는 가장 밑바닥에까지 이른다.

어떤 신학 용어로도 표현해내기에는 역부족이다. 어떤 종교 용어로도 못 미친다. 결국은 '사랑'이라는 말만 남는다. 사랑은 우리가 너무 쉽게 말하지만 그러나 충분히 자주 말하지 않는 단어다.

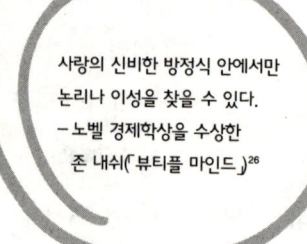

사랑의 신비한 방정식 안에서만 논리나 이성을 찾을 수 있다.
— 노벨 경제학상을 수상한 존 내쉬('뷰티플 마인드')[26]

길이 차원의 사랑

50주년 기념일까지 이어지는 사랑은 성품이라는 길이로 되어 있다. 이 길이는 단순히 햇수와 기념일 카드로 표시되는 시간의 경과만이 아니라, 또한 애쓰는 사랑이기도 하다. 오래 참음이라고 생각하면 된다. 그것은 수고를 아끼지 않는 사랑, 무한히 노력하는 사랑과 상관이 있다. 사랑이 얼마나 멀리 갈지 생각해 보면, 도무지 이치에 맞지 않는다. 사랑이란 무모하고 무리하고 긴박한 것이다. 사랑의 종국은 도착이 아니라 여정이고, 완성된 공식이 아니라 황홀한 가능성과 초대다.

모던 세계에서 우리는 "오라, 우리가 서로 변론하자"고 말하는 법을 배웠다. 좀더 철학적인 용어로 하면 "나는 생각한다, 고로 나는 존재한다"이다. 그러나 현재 태어나고 있는 세상에서 우리는 "오라, 우리가 서로 사랑하자"고 말하는 법을 배워야 한다. 좀더 신학적인 용어로 하면 "나는 사랑받는다, 고로 나는 존재한다"이다.

사랑의 생활양식—하나님 임재 안에서 살아가는 삶—의 기초가 "나는 사랑한다, 고로 나는 존재한다"가 아니라 "나는 사랑받는다, 고로 나는 존재한다"임을 잘 보라.[27] 좀더 성경과 공명하는 말로 하면 "우리가 사랑함은 그가 먼저 우리를 사랑하셨음이라"[28]가 된다. 이 차이는 매우 중요하다. 우리는 자체적 능력과 사랑의 역량을 지닌 자율적 개인들이 아니다. 우리의 사랑하는 능력 자체도 선물이다. 우리 안에서 오는 것이 아니라 우리가 사랑스럽지 못함에도 불구하고 우리를 사랑하시는 하나님에게서 오는 선물이다. 하나님의 이 선물 덕분에 우리는 사랑스러워지고 또 하나님이 사랑하시는 것처럼 사랑할 수 있게 된다.[29]

안더스 니그렌(Anders Nygren)은 「아가페와 에로스」(*Agape and Eros*, 크리스챤다이제스트 역간)라는 책에서 아가페는 아무것도 돌아오기를 바라지 않는 사랑이라고 주장했다. 그러나 그것은 완전히 틀린 말이다.[31] 일방적인 사랑이란 존재하지 않는다. 자아 없는 사랑도 존재하지 않는다. 모든 사랑은 관계적이다. 사랑을 받지 않고 사랑을 줄 수 있다는 개념은 "사랑은 하나님께 속한 것이니 사랑하는 자마다 하나님께로 나서

> 기독교의 사랑은 꼭 부드러운 것은 아니지만 이기심이나 증오심의 덫에 빠져서 강퍅해지지 않으려는 각오만큼은 아주 단호하며, 또한 섬김에 대한 소명이 아주 명확하다.…사랑과 함께 희망이 온다. 정말로 새로워지려면, 새로운 인간은 더 정의로운 세상을 세워 나가는 기쁨과 희망의 사람이어야 한다.
> — 신학자 이냐시오 엘라쿠리아[30]

하나님을 알고 사랑하지 아니하는 자는 하나님을 알지 못하나니 이는 하나님은 사랑이심이라"[32]고 한 성경의 이해에 어긋나는 것이다. 우리가 사랑을 경험하려면 먼저 우리에게 베풀어진 사랑을 받아야만 한다. "하나님의 사랑이 우리에게 이렇게 나타난 바 되었으니 하나님이 자기의 독생자를 세상에 보내심은 저로 말미암아 우리를 살리려 하심이니라. 사랑은 여기 있으니 우리가 하나님을 사랑한 것이 아니요 오직 하나님이 우리를 사랑하사 우리 죄를 위하여 화목제로 그 아들을 보내셨음이니라."[33]

스코틀랜드의 방송인이자 작가인 앨러스테어 모패트(Alastair Moffat)는 자기 아버지와 어머니의 차이를 이렇게 표현했다. 어머니는 먼저 사랑하고 나중에 질문했다. 아버지는 질문부터 한 다음, 답이 맞으면 어쩌면 자식들을 사랑할 수도 있었다. 또 하시디즘의 한 스승은 사랑의 하나님과 사랑하는 신(god)의 차이를 이렇게 표현한 적이 있다. "하나님이 최악의 죄인을 사랑하시는 것만큼 나도 최고의 성인(聖人)을 사랑했으면 좋으련만."[34]

우리는 하나님—사랑(God-love)을 '갚을' 수 없다. 하나님—사랑에 반응할 수 있을 따름이다. 하나님이 사랑하신 것처럼 사랑하는 것, 즉 용서, 은혜, 희망, 희생적인 베풂의 하나님-사랑은 하나님의 능력이 없이는 불가능하다.

작가 마야 안젤루(Maya Angelou)는 이 하나님-사랑 관계가 자신의 삶에 미친 영향을 이렇게 말한다.

> 하루는 프레드릭 윌커슨 선생이 나더러 글을 읽으라고 했다. 당시 스물네 살이던 나는 아주 박식하고 아주 세상적이었다. 그는 내게 「진리의 교훈」(Lessons in Truth)이라는 책에서 "하나님은 나를 사랑하신다"라는 말로 끝나는 단락을 읽으라고 했다. 내가 그 부분을 읽고 책을 덮자 그는 "다시 읽어 봐" 하고 말했다. 나는 매몰차게 책을 펴서 빈정대듯이 "하나님은 나를 사랑하신다"라고 읽었다. 그는 "다시"라고 말했다. 일곱 번째쯤 읽고 나자 그 말이 맞을 수도 있겠다는, 하나님이 정말로 나를 사랑하실 가능성도 있다는 느낌이 오기 시작했다. 나를, 마야 안젤루를 말이다. 그 모든 것의 웅대함 앞에서 나는 갑자기 울음을 터뜨렸다. 하나님이 나를 사랑하신다면, 그렇다면 나도 놀라운 일들을 할 수 있고, 나도 큰일들을 시도하고, 무엇이든 배우고, 무엇이든 이룰 수 있겠다는 생각이 들었다. 하나님과 한 편인 나를 무엇이 당할 수 있겠는가. 한 사람일지라도 누구나 하나님과 한 편이면 이미 대다수이니 말이다.[35]

사랑이 내 것이 되지 않는 한, 사랑은 멋진 상념만큼이나 공허한 것이고 솔깃한 이론만큼이나 무력한 것이다. 하나님은 '하나의 존재'가 아니라 '존재 자체'이신 것처럼, 또한 하나님은 '사랑하시는 하나의 존재'가 아니라 '사랑의 존재'다. 하나님이 '사랑의 존재'의 궁극적 원천이라는 생각은 기분 좋은 것이지만, 그러나 신념이 직접 경험을 통하여 믿음으로 바뀌지 않는 한 그것은 그 이상을 벗어나지 못한다.

신념은 "나는 사랑의 하나님을 믿는다"고 말한다. 믿음은 "날 사랑하심 성경에 써 있네"라고 말한다.

신념은 "하나님은 사랑이시다"라고 말한다. 믿음은 "하나님은 나를 사랑하신다"라고 말한다.

믿음은 "주 나를 사랑하시오니 즐겁고도 즐겁도다. 주 나를 사랑하시오니 나는 참 기쁘다"라고 노래한다.[36]

사랑을 많은 덕목들 가운데 하나로 끼워 넣는 목록을 볼 때마다 나는 질겁한다. 지혜와 아름다움과 의리와 사랑을 일괄 취급해도 되는 정당한 목록이란 없다. 정말로 오직 사랑뿐이다. 여태까지 쓰인 가장 유명한 말 중 하나인 "그중에 제일은 사랑이라"[37]는 말에 바울이 분명히 밝힌 대로다. 사랑은 존재론적 실체다. 즉, 현실을 실체가 되어 살아 있게 하는 것은 하나님의 사랑이다. "하나님은 사랑이시라"는 성경의 말씀은, 사랑이 있는 곳에 하나님이 계시다는 뜻이다. 성경은 "하나님은 사랑이 많다"거나 그 '존재'의 주된 특성이 사랑이라고 하지 않고, 그 존재 자체가 사랑이라고 말한다. 사랑의 삶을 살 때 우리는 또한 진리의 삶을 사는 것이다. 사랑이신 그분이 또한 진리이시기 때문이다.

하나님의 사랑은 우리가 당연시하는 한도들까지 훌쩍 넘어서, 도무지 미치지 않는 곳이 없다. 마이클 조던을 역사상 최고의 농구 선수로 꼽는 사람들이 있다. 그는 2만9천 점 이상의 득점을 올렸고, MVP상을

> 그렇다면 영원한 아버지께서 귀하지도 않은 우리를 귀하게 여기시려고 우리에게 인위적인 가치를 갖다 붙이신 것이 아니다.…하나님께는 허구가 없으며, 심지어 그 후하심에도 허구가 없다. 그분은 우리의 얄팍함을 못 본 체하지 않으신다. 오히려 친히 그 밑에 깔아 두신 무한한 깊이를, 그 외아들 예수 그리스도의 사랑을 똑똑히 보신다.
> —오스틴 파러[38]

다섯 번 수상했고, NBA(전미농구협회) 프로 농구에서 여섯 번 우승했다. 하지만 그는 적어도 농구에 관한 한 사랑의 기준도 더 높여 주었다. 조던이 등장하기 전까지만 해도 NBA 선수의 표준 계약서에는, 소속 구단의 승인 없이 오프시즌에 농구를 하는 것을 일절 금하는 조항이 들어 있었다. 조던은 자기가 사랑하는 농구를 하지 못하게 막는 어떤 계약서에도 서명하지 않았다. 그래서 조단의 계약서는 다르게 작성되었다. '농구를 사랑해서'라는 조항이 그의 계약서에 최초로 포함된 것이다. 그래서 그는 오픈시즌 중에도 아무 때나 원하는 대로 농구를 할 자유가 있었다. 마찬가지로 하나님은 삶의 어느 부분도 '사랑의 오프시즌'에 양도하지 않으신다. 하나님의 사랑의 길이는 무한하기 때문이다. 우리는 세상을 향한 하나님의 무한한 사랑을 내 것으로 주장하기를 왜 그렇게 두려워하는 것인가?

넓이 차원의 사랑

사랑은 모든 것을 포괄한다. 방정식에서 제외되는 것이 없다. 어느 것도, 그 누구도 사랑의 범위 바깥에 있지 않다. 온 세상이 하나님의 '사랑 공간'이다.[40] 그래서 사랑의 대상을 알기가 어렵지 않다. 그 대상은 모든 사람이다.

성전은 하나님의 처소, 그 임재의 주거지였다. 그러나 그것은 오해의 소지가 있는 제한된 은유였다. 그래서 선지자들은 하나님이 성전이라는 상자 안에 갇혀 계시지 않음을 이스라엘에게 끊임없이 상기시켰

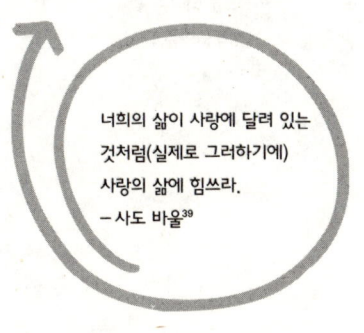

너희의 삶이 사랑에 달려 있는 것처럼(실제로 그러하기에) 사랑의 삶에 힘쓰라.
— 사도 바울[39]

다. "여호와께서 이같이 말씀하시되 하늘은 나의 보좌요 땅은 나의 발등상이니 너희가 나를 위하여 무슨 집을 지을꼬. 나의 안식할 처소가 어디랴."⁴¹ 시편 기자는 하나님이 여기에도 계시면서 동시에 무소부재하신 그 역설의 양면을, 한 소절에 이렇게 담아냈다. "여호와께서 그 성전에 계시니 여호와의 보좌는 하늘에 있음이여."⁴²

당신이 누군가와의 관계 속에 있으면 작은 것들도 큰 의미를 띠게 된다. 증조할아버지의 그 시계 주머니, 자신이 춥다고 느끼실 때마다 늘 당신을 덮어 주려 했던 어머니의 그 스웨터 같은 것들 말이다. 이런 '보잘것없는' 것들이 당신의 삶에 가장 귀한 보물, 사랑의 성상(聖像)이 된다.

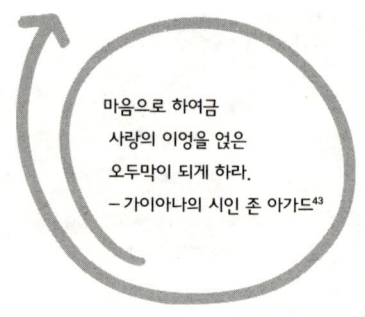

마음으로 하여금
사랑의 이엉을 얹은
오두막이 되게 하라.
— 가이아나의 시인 존 아가드⁴³

당신이 우주의 창조주와의 관계 속에 있으면 작은 것들도 큰 의미를 띠게 된다. 하늘에서 떨어지는 저 참새, 들의 저 백합화, 아무도 말을 걸지 않을 저 '소자' 같은 것들 말이다.

당신의 사랑의 성상들은 무엇인가? 무력한 사람들, 연약한 사람들, 세상의 눈으로 보기에 '보잘것없는' 사람들인가? 아니면 권력이 있어서 당신을 유리한 위치에 올려 줄 만한 사람들과 물건들인가?

성상 이야기가 나왔으니 말인데, 당신은 혹 사랑 없는 성상들을 수집하고픈 유혹을 느낄 때가 있는가? 당신의 시간은 사람들을 판단하는 것과 사람들을 사랑하는 것 중 어느 쪽에 더 많이 들어가는가? 삶과 말과 행동이 '무난한' 범주 안에 들지 못하는 사람들에게 다가갈 때, 당신의 목소리에 사랑이 묻어나는가?

1975년 9월, 리네트 "스퀴키" 프롬(Lynette "Squeaky" Fromme)은 미국 대통령을 죽이려고 했다. 그녀는 부적응자였다. 그녀의 부모는 둘 다 그녀를 버렸다. 그녀는 동경하던 아버지상을 찰스 맨슨(Charles Manson)에게서 찾았다. 왜 하필 미치광이 살인마인 그런 사람과 상종하느냐는 질문에 그녀는 이렇게 말했다. "누구든지 먼저 나를 사랑하는 사람이 내 삶을 가질 수 있다."[44]

"내 사랑하는 친구들이여, 사랑은 하나님에게서 오는 것이니 우리는 계속 서로 사랑합시다."[45] 또는 예수님이 표현하신 대로, 당신이 만일 당신을 사랑하는 사람들만 사랑한다면 대단할 것이 무엇인가?[46] 당신을 거부하고 욕하는 사람들을 사랑할 마음이 성령으로 말미암아 당신에게도 생길 수 있거든, 하물며 하나님은 얼마나 더하시겠는가? 당신이 주님보다 더 많이 사랑할 수는 없다.

우리 내면의 나침반은 정북 방향인 예수 그리스도를 가리켜야 한다. 그런데 정북을 가리키는 바늘을 잘 보면 바늘이 떤다. 사랑도 떤다. 친밀함은 아프기 때문이다. 사랑은 고통스러운 것이다. 사랑의 소중함은 사랑의 위험함과 짝을 이룬다. 사랑은 통제할 수 없다. 가꿀 수 있을 뿐이다.

자아의 상실과 통제의 상실이 없이는 사랑도 없다. 통제를 포기할 때 당신은 불확실함과 예측 불능의 결과에 동의하는 것이며, 그래서 사랑은 세상에서 가장 바로 알기 어려운 것이다. 그러나 자신을 잃어서 자신을 찾는 것이 사랑의 길이다.

그것은 생명의 길이기도 하다. 구글(Google)의 성공의 기초는 사람들을 자기네 웹사이트 쪽으로 보내지 않고 오히려 밖으로 내보낸 데에 있다. 통제를 버리고 다른 사람들에게 능력을 입혀 줌으로써, 놓아 주고 사용자들로 하여금 자신의 경험을 직접 통제하게 함으로써, 구글은 사업 역사상 가장 큰 성공 사례 가운데 하나가 되었다.

이와 같이 사랑도 자신이 사랑하는 이에게 고삐를 쥐어 준다. 농부라면 누구나 하는 말이지만, 농장의 가축들을 답답한 울타리 안에 가두어 두면 동물들이 불안해한다. 그러나 드넓은 목장에 내놓으면 동물들이 여유와 안정을 찾는다. 사람도 마찬가지다. 우리도 신선한 공기가 필요하고 자유의지를 구사해야 한다. 당신의 삶에서 가장 좋은 모험들, 당신이 경험한 최고의 흥분을 생각해 보라. 그것들은 당신이 엄격한 통제를 고집하는 결과로 오는 것들인가? 사명 통제라는 말은 어불성설이다. '사명 중에 있다'는 말은 '통제할 수 없다'는 뜻이다.

[내가] 새 영을 너희 속에 두고 새 마음을 너희에게 주[리라].
— 여호와 하나님이 선지자 에스겔에게47

사랑이 아픈 이유가 또 있다. 하나님 임재 안의 가장 센 심장박동은 고난에 민감하다. 친밀함은 아프고, 우리는 사랑의 요구대로 먼저 자신을 잃어야만 자신을 찾을 수 있다. 고난 받는 사랑의 메타내러티브야말로 성경에서 가장 강한 것들 가운데 하나다. 고난은 피하거나 심지어 견뎌야 할 대상이 아니라, 우리를 하나님과 우리 자신과 서로에게 더 가까이 이끌어 주는 방편으로 원용해야 할 대상이다. 우리의 고난을 끌어안을 때 '나'는 존엄성과 은혜를 끌어안고, 인간의 성품을 높이는 것이다. 그리고 사랑에 관한 한, 이것이 가장 바로 알기 어려운 부분이다.

불확실함과 고통에서 자신을 보호하려다가 우리는 우리의 관계들에서 모험을 없애려 하고, 그리하여 사랑은 덜 떨리게 된다. 50달러만 주면, 관계에 어림짐작이 필요 없게 해준다고 약속하는 '사랑 탐지기' 소프트웨어(윈도우 버전)를 살 수 있다. 여기에 쓰이는 음성 분석 기술은 테러리스트 식별용으로 고안된 장치들에 쓰이는 것과 똑같다. 이것을 당신의 휴대전화에 사용하면, 통화 상대의 '목소리에 사랑이' 들어 있는지 아닌지 분간해 준다.

이것은 소심하거나 의심 많은 사람들에게 그저 소프트웨어나 팔자는 수법이 아니다. 또 이것은 단순히 은유 이상의 훨씬 큰 의미가 있다. 우리의 마음이 실제로 말한다는 것을 우리는 성경을 통해서 알고 있다. 예수님은 우리의 입이 마음 중심에 있는 것을 앵무새처럼 흉내 낸다고 말씀하신다. 마르틴 루터는 믿음을 "마음의 '예'"라고 했다.[48] 사랑이 가져다주는 삶의 성품은 단지 겉으로 벌어지는 일에 관한 것만이 아니다. 그것은 속에서부터 없어서는 안 되는 순전한 삶―변화된 새로운 삶―이다. 사랑은 마음을 찢어 놓는 상처다. 새로운 마음이 태어나고 온전한 영혼이 깨어날

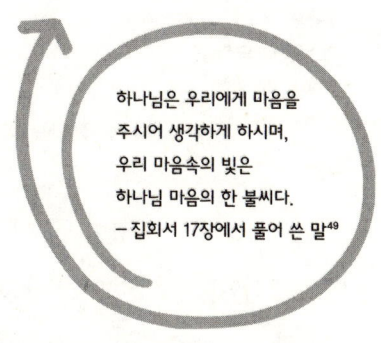

하나님은 우리에게 마음을 주시어 생각하게 하시며, 우리 마음속의 빛은 하나님 마음의 한 불씨다.
― 집회서 17장에서 풀어 쓴 말[49]

수 있도록 말이다. 기독교 메타내러티브에서, 새로운 정체와 성품과 친밀함을 받은 사람은 누구나 찢어진 마음으로 살아간다.

성경의 증언은 이것이니, 사랑하면 당신의 마음은 찢어지게 되어 있다. 오직 문제는 당신의 마음을 찢어 놓을 사랑이 어떤 종류의 사랑인가 하는 것이다. 월드비전을 설립한 밥 피어스(Bob Pierce)는 자신의 성

경책 여백에 이런 말을 써 놓았다. "하나님의 마음을 찢어 놓는 것들에 제 마음도 찢어지게 하소서."⁵⁰

십자가는 찢어진 마음의 궁극적 상징이다. 십자가에서 하나님의 심장이 터졌다. 예수님의 옆구리에서 쏟아져 나온 피와 물의 혼합물은 예수님의 실제 사인(死因)이 무엇인지 말해 준다. 그것은 심장 파열이었다. 요즘은 '상심 증후군'이라고 하는 의학적 상태가 존재한다(찢어진 마음, 심장 파열, 상심은 모두 원어로 broken heart로 되어 있다—역주). 상한 마음은 당신을 죽일 수도 있고, 아니면 당신 안에 새로운 마음을 낳을 수도 있다. 예수님의 터진 심장은 새로운 인류를 낳았다. 하나님의 사랑을 낳고 심장이 하나님의 심장에 맞추어 뛰게 하려면, 사랑으로 마음이 찢어져야 한다.⁵¹ 그것이 하나님 임재의 약속이다.

> 사랑하면 상처받게 되어 있다. 무엇이든 사랑해 보라. 틀림없이 마음이 쥐어짜듯 아플 것이고 어쩌면 찢어질 수도 있다. 마음을 조금도 다치지 않으려면 누구에게도 심지어 동물에게도 마음을 주지 않으면 된다.
> —C. S. 루이스⁵²

십자가의 길은 사랑이 권력과 불의의 침해와 충돌하는 것을 말하는 다른 방식이다. 예수님은 정사(政事)들과 공중의 권세 잡은 자를 물리치시되 연약함을 통하여 그리하셨다. 그분은 통제를 놓으시고 자신을 죽음에 내어주셨다. 이 지고한 연약함의 행위—지고한 사랑의 행위이기도 한—로 그분은 자신을 희생하셔서 어두움의 세력들을 이기셨다. 이것이 사랑의 넓이요 측량 못할 사랑이다.⁵³

깊이 차원의 사랑

깊이 들어갈수록 사랑은 더 거룩해진다. 성전은 거룩한 곳이었다. 안으로 깊이 들어갈수록 더 소통의 자리, 하나님이 말씀하시는 곳이 되었다. 성전 안으로 더 깊이 들어갈수록 성전은 더 거룩해졌다.[54] 오늘날 교회의 문제는 시대에 뒤떨어진 것이라기보다는 깊이를 잃은 것이다.[55]

사랑의 삶에서 성품이 나오는 것은, 사랑 자체가 삶 전반에 필요불가결하기 때문이기도 하다. 사랑은 우리의 실존을 응집시켜 주고, 우리의 삶을 통합시켜 준다. 사랑한다는 동사가 없으면 삶은 응집력을 잃고 붕괴되고 만다.

'사랑하고 있으면' 세상 모든 것이 달라 보인다. 정확히 그렇다. 사랑은 검증된 것들을 능가하고 뒤집는다. 사랑은 수준이 높고 수심이 깊은 단어다. 믿을 수 없는 것을 믿고, 살 수 없는 삶을 살고, 보이지 않는 것을 보고, 할 수 없는 일을 하는 것— 이것이 사랑의 깊은 길이다. 이제 우리는 위기에 맞서서 사랑의 깊이를 탐험할 때다. 사랑을 통해서만 우리는 하나님을 더 닮아갈 수 있다.

우리는 사랑을 수준 낮은 단어로 만들어 버렸다. '사랑을 나눈다'는 말은 하룻밤의 정사와 진한 섹스를 뜻한다. 우리는 마치 침대에 들어갔다가 나오듯이 사랑에도 빠졌다가 식어진다. 우리는 "당신의 사랑의 취향은 무엇이냐?"고 묻는다. 사랑이 헌신이나 열정이 아니라 단지 지나가는 취향이기라도 하다는 듯이 말이다. 우리의 문제는 사람들이 콘돔

> 얼마나 놀라운 사랑인가
> 오 내 영혼 오 내 영혼…
> 얼마나 놀라운 사랑인가
> 복되신 주 그 사랑으로
> 무서운 저주 당하시니
> 날 위하여 날 위하여.[56]

을 사용하지 않는 것이 아니다. 우리의 문제는 우리가 사람들을 콘돔 취급하는 것이다. 우리는 사람들을 한번 쓰고 버린다. 어떤 저자는 현대 사랑의 수호 성인은 큐피드가 아니라 「손자병법」을 쓴 손자라고 말하기도 했다.[57] 또 다른 심리학자는 사랑이란 '필요한 광기'[58]이고 심지어 '일종의 정신병'이며, 그래서 우리는 '사랑의 마음을 품는 것이 아니라 사랑 병에 걸리는'[59] 것이라고 주장한다.

현재 우리의 사랑 개념—사람의 존재를 사로잡는 '정서적' 상태—은 모더니즘의 산물이다.[60] 그리스어로 '사랑'(*agape*)은 감정적인 사랑이나 정서적인 사랑이 아니라 의지적인 사랑이다. 조건과 제약이 없는 억누를 수 없는 사랑, 구체화되고 행동화된 사랑이다.

옛날식 사랑은 사랑의 대상을 고른 다음 그 고른 사람을 사랑하는 것이었다. 중매 결혼이 아직도 널리 퍼져 있는 비(非)서구 문화들의 경우에는, "다른 사람이 당신에게 사랑의 대상을 골라 주면, 당신은 그 정해진 대상을 의지적으로 사랑하는 것"이다. 이와 같이 하나님도 우리가 사랑해야 할 대상을 골라 주신다. 그러면 하나님이 골라 주신 대상을 의지적으로 사랑하는 것이 우리의 몫이다. 단, 그분이 고르신 대상은 무제한이라서 모든 사람이 다 포함된다. 잊지 말라, 사랑의 치수는 측량할 수 없다.

성경에서 가장 놀라운 구절들 가운데 하나가 우리 곁을 그냥 스쳐 지나간다. "야곱이 라헬을 위하여 칠 년 동안 라반을 봉사하였으나 그를 연애하는 까닭에 칠 년을 수일같이 여겼더라."[61] 다시 읽어 보라. "칠 년을 평생처럼 여겼다"고 하지 않았다. 그 짝사랑의 칠 년이 칠 일과 같았다고 했다. 야곱에게는 사랑 자체—사랑의 대상을 정복하는 것이 아니라―가 만족이었다.

영국의 극작가 존 모티머(John Mortimer, 1923년 태생)는 주로 자신의 모험적인 생활로 인한 일련의 사고로 휠체어에 갇혀 지냈다. 어떤 인터뷰어가 그의 부인 페니(Penny)에게 농담처럼 물었다. "남편은 이제 정말 늙어가고 있지 않습니까? 계속 존과 함께 사시는 이유가 무엇입니까? 사랑입니까 의무입니까?" 그녀는 "둘 다이겠지요"라고 대답했다.[62]

포스트모던 문화는 사랑하는 일을 이전 어느 때보다도 더 힘들게 만들 수 있다. 사실 세상이 '당신들' 서로를 점점 더 가깝게 해줄수록 사랑은 더 어려워졌다. 사회심리학자 서지 모스코비치(Serge Moscovici)는 우리 사회를 가리켜, '자기가 권하는 그것을 못하게 막는 기관'이라고 표현했다.[64] 사랑할 '다른 사람들'의 근접성은 훨씬 커지고 넓어졌지만, 아주 근접한 그 사람들을 사랑할 수 있게 해주는 능력원은 훨씬 줄어들었다.

> 기쁨에 찬 마음은 사랑으로 불타는 마음의 당연한 결과다.
> ─테레사 수녀[63]

우리는 더 많은 물질적 부를 손에 넣었고 그래서 다른 사람들을 도울 능력이 있지만, 서로를 향한 우리의 헌신은 오히려 줄어들고 있으니 아이러니다. 매체를 통해서 세상 먼 곳의 고통과 고생에 더 많이 노출될수록, 고통과 고생을 개선하기 위한 우리의 개인적인 투자는 점점 적어진다. 먼 곳의 불행과 고뇌를 사진으로 더 많이 볼수록 우리는 불행과 고뇌를 더 멀리한다. 우리는 지금처럼 관심이 많았던 적이 없다. 그러나 지금처럼 행동이 적었던 적도 없다.[65]

내과의사 윌리엄 하비(William Harvey)는 평생에 걸쳐서 '동물의 심장과 혈액의 작동'을 연구했는데, 여기에 감화를 받아서 르네상스 지질학자들은 지구의 중핵에 심장처럼 기능하는 불덩이가 있다고 가정했다.[66] 유대교 전통에 의하면 심장에는 두 개의 방이 있다. 하나는 '물 같은 사랑'이고 하나는 '불 같은 사랑'이다. 우리는 물과 불 둘 다로 '구원받지만' 물을 더 선호한다. '물 같은 사랑'은 달래 주고 만족시켜 준다. 모든 것을 자라게 한다. 그러나 '불 같은 사랑'은 태우고 지진다. 또는 성경의 표현으로 "사랑은 여호와의 불이다."[67] 하나님의 사랑은 미지근한 사랑도 아니고, 얼음장처럼 싸늘한 사랑도 아니고, 심지어 '멋진' 사랑이나 '촛불' 사랑도 아니고…아주 뜨거운 사랑이다. '심플 웨이'(The Simple Way) 공동체의 셰인 클레이본(Shane Claiborne)이 즐겨하는 말로, 우리는 쉽게 꺼질 수 있는 촛불이 되도록 부름 받은 것이 아니라 불이 되도록, 그의 표현으로 '성령의 사랑의 불못'의 일부가 되도록 부름 받았다. 사랑의 불은 하나님의 불이다. 사랑의 불을 붙인다는 것은 곧 자신이 불붙여져서, 우주의 중심에서 박동하는 심장에 참여하는 것이다.

우리가 쇠는 크리스마스는 북유럽 달력상의 불 축제들 가운데 하나가 발전한 것이다. 굵은 장작(yule log, 이것이 후에 크리스마스 전날 밤에 때는 굵은 장작이 되었다—역주)을 때는 노르웨이의 불 축제였는데, 이것은 성품의 축제로 해석될 수도 있다. 노르웨이 축제들의 특징은 옥외에 큰 모닥불을 피우는 것인데, 동짓날이 너무 추워서 부락민들이 전부 불가에 모이기가 어려워지면, 집집마다 그 공동 모닥불을 굵은 장작에 옮겨서 집 안으로 가지고 들어갔다. 동장군이 맹위를 떨쳐서 부락이 함께 모일 수 없게 되어도 집집마다 난로 안에 부락의 상징물이 있었고, 그

거대한 굵은 장작의 온기로 가족들은 한겨울에도 희망을 느꼈다. 굵은 장작을 절대로 다 태우지 않고 난로 곁에 두어서, 뇌우 때나 혹은 캄캄한 여정의 끝을 알리는 12월의 가장 긴 밤에 불을 붙이는 것이 전통이었다.[68]

이렇게 공동체의 온기를 나누는 습성은 '에로스'의 참된 의미와 상통한다. '에로틱한 사랑'에 대한 우리의 이해를 생식기의 활동으로 국한시키면, 우리는 기독교 전통에 해를 입히는 것이다. 기독교 최초의 아가서 주석은 3세기 초에 로마의 히폴리투스(Hippolytus)가 쓴 것이다. 그러나 아가서를 다룬 가장 영향력 있는 글은 히폴리투스보다 젊은 동시대 사람 오리게누스가 썼다. 열 권의 책(그중 세 권만 남아 있다)에서 오리게누스는 '에로스' 사랑을 인류의 신적인 열감(熱感) 같은 것으로 그려냈다. 에로스는 창조 에너지다. 모든 인간 관계—부모와 자식, 친구와 친구, 연인과 연인, 인간과 피조세계 할 것 없이—에 '생명을 주는' 생명의 정열이다. 에로스는 모든 영혼 안에 있는 신의 형상을 이해하는 것이다. 그 형상이 있기에 우리 모두는 잉태하는 자(소비자가 아니라)가 된다. 하나님은 모든 관계에서 생명을 잉태(소비가 아니라)하도록 우리를 설계하셨다. 신의 형상을 닮은 진·선·미를 모든 관계 안에서 잉태하도록 말이다.[69]

하나님 임재 안에 산다는 것은 새 생명을 잉태하는 것이다. 당신의 각각의 관계들 속에서 새 생명이 잉태되고 있는가? 영혼과 하나님의 연합은 에로스를 통해서만 불붙여진다. 에로스는 모든 것을 하나님께로 이끄는 힘이다.

히브리서 기자는 "우리 하나님은 소멸하는 불이심이니라"[70]고 선포

했다. 그 '소멸하시는 불'—시내산에서 타오르던 불, 떨기나무에 붙었
으나 태우지는 않던 그 불—이 당신 안에 거하고 계신가? 우리는 불로
구원받았다. "불로 얻은 것 같"이 구원받았다.[71] 불은 불순물을 살라 없
앤다. 불은 두려워할 것이 아니다. 두려워할 것은 악이다. 하나님은 우
리를 태우시되 우리가 감당할 수 있는 만큼만 하신다. 그래도 우리는
불에 탈 것이다.

> 기쁨은 영혼들을
> 낚을 수 있는
> 사랑의 그물이다.
> —테레사 수녀[72]

당신은 하나님의 태우심을 청하고 있는
가? 불이 당신의 어둠 속에 침투해 들어와
당신의 영혼을 지배하고 있는가? 당신은 거
룩한 불을 계속 꺼뜨리지 않고 있는가? 불은
빛으로 나타나는데, 그것은 우리가 사랑이
라고 알고 있는 하나님의 창조 에너지다. 당신은 사랑의 그 소멸하는
불과 뜨거운 사이인가? 당신의 임재로부터 하나님 임재의 벼락이 뇌성
을 발하고 있는가?

♡ ♥ 하나님 임재의 드라마

누가 "오늘 뭐할 겁니까?"라고 물으면 당신은 어떻게 답하는가? 또
는 누가 "다른 사람들을 어떻게 대하고 싶습니까?"라고 물으면 당신은
뭐라고 말하는가? "하나님입니다"라고 대답하는가? 사랑한다는 동사
이신 하나님이 당신 삶의 격렬한 활동이 되셨는가? 그냥 원리나 개념
만이 아니라 활동적 힘이 되셨는가? 당신이 날마다 하는 일은 '하나
님'인가?

드라마라는 말은 '하다'라는 뜻의 그리스어 단어에서 왔다. 하나님

의 임재란 곧 하나님의 드라마다. 하나님은 단지 "나는 너를 사랑한다"고 말씀만 하신 것이 아니다. 하나님은 사랑하셨다. 하나님은 우리 가운데 사셨고 우리를 사랑하셨다. 일각에서 기독교 역사상 가장 위대한 신학자로 치는 토마스 아퀴나스(Thomas Aqhinas)는 하나님이라는 단어를 문법적으로 명사가 아니라 동사로 보는 것이 신학적으로 더 정확할 수 있다고 말했다.[73]

믿음의 언어에서, "나는 너를 사랑한다"고 말하려면 세 단어 이상이 필요하다. 우리 삶의 어휘에 들어 있는 모든 단어가 다 필요하다. 사랑이란 삶 전체의 중심 명령인 까닭이다. 또는 다르게 말하면, 사랑에는 아예 말이 필요 없고, 행동과 믿음이 필요하다. 세상에는 말없는 사랑, 참된 드라마가 더 많이 필요하다.

황금률(마 7:12, 눅 6:31의 가르침-역주)은 "네 이웃을 사랑하라"는 명령으로 주신 것이다. 예수님의 새 계명-그리스도가 우리를 사랑하신 것처럼 우리도 다른 사람들을 사랑해야 한다는-도 역시 명령이다.[74] 하지만 사랑을 어떻게 명령할 수 있는가?[75] 태도나 감정은 명령할 수 없는 것이지만 행동은 명령할 수 있다. 드라마는 감독할 수 있다. 하나님은 우리에게 사랑이 많아지거나 사랑을 느끼라고 명령하시는 것이 아니라 사랑하라고 명령하신다. 그걸로 끝이다. 시민 사회의 어떤 책에도 사랑을 명령하는 법규는 없다. 사랑이 명령이 되게 하는 철학 원리도 없다. 오직 하나님만이 사랑을 명령하신다.

세상에 프리마돈나는 더 필요하지 않지만 연기파 드라마 배우는 더 많이 필요하다. 동사이신 하나님은 사랑하라는 명령을 발하신다. 하나님 임재의 드라마는 우리 모두를 사랑의 '연기파 배우'가 되게 한다.

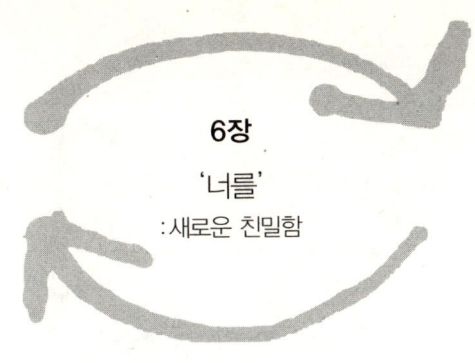

6장
'너를'
: 새로운 친밀함

"당신의 것은 당신의 것이고 내 것도 당신의 것이다"라고 말하는
사람은 성인(聖人)이다.
- 「교부들의 어록」

사랑이 나에게서 너에게로 옮겨갈 때 '너'는 영혼을 얻는다. 다시 말해서, 친밀함이 없이는 성품을 갖춘 정체성도 없다.

기독교는 '나'의 종교이지만 신속히 '너'의 종교가 된다. 사실 기독교는 이인칭을—특히 맨 나중 사람을—더 중시하는 일인칭 종교라는 표현이 가장 적절하다.

기독교는 그것을 그 부모에게서 배웠다. 쉐마(*Shema*, 신명기 6:4의 첫 단어인 "들으라"로, 유대교의 신앙고백이 되었다—역주)의 첫 단락 1은 단수로 되어 있어 개인에게 주신 말씀이다. "너는 마음을 다하고." 두 번째 단락 2는 복수로 되어 있어 히브리 백성 전체에게 주신 말씀이다.³ 성경은 '나' 자체로는 좋지 않다고 말한다. 하나님은 창세기에 "사람의

> 그 나무 아래서 당신은 원하는 것은 무엇이나 가질 수 있다. 그런데 거기 혼자 앉아 있으면 당신은 지구별에서 가장 슬프고 외로운 사람이다. 돈으로 살 수 있는 것 중에는 당신의 영혼을 채워 줄 것이 전혀 없다.
> — 배우 제이미 리 커티스[5]

독처하는 것이 좋지 못하니"[4] 라고 말씀하셨다. "아담이 혼자 있는 것은 좋지 못하다."

우리 중에 혼자 힘으로 살아갈 수 있는 사람은 아무도 없다. 오늘의 세계에서 미국도 저 혼자서는 살아갈 수 없다. 혼자 힘으로 살아가는 대가(代價)는 그대로 남는다. 윌리엄 맥스웰(William Maxwell)의 수상작 소설 「안녕, 내일 보자」(*So Long, See You Tomorrow*)에는 뉴욕시 같은 도심들이 "사람이 길거리에서 완벽한 프라이버시(privacy) 속에서 울 수 있는 곳"으로 묘사되어 있다.[6]

♡ ♥ 독처하는 사회

한국에 말씀을 전하러 갔을 때, 나는 교회가 존재 이유를 상실한 것을 강조해 줄 만한 재미난 이야기를 해 보자는 생각이 들었다. 우선 내 통역관에게 시험해 보았다. 이야기는 이런 것이다.

어느 어린 소녀가 새 학교에 가져갈 자신의 출생증명서를 받았다. "잃어버리면 안 돼." 엄마가 말했다. "네가 반에 들어가려면 선생님한테 그게 있어야 되거든. 그렇지만 집에 다시 가져와야 한다."

물론 피치 못할 일이 벌어졌다. 어린 소녀는 자신의 출생증명서를 잃어버렸고, 그 일을 엄마한테 말하기가 두려워서 집에 가는 길에 주저앉아 울었다. 어떤 사람이 아이가 우는 것을 보고 무슨 일이냐고 물었더니 아이는 이렇게 대답했다. "제가 태어난 이유를 잃어버렸어요."

내가 통역관에게 그의 생각을 물었더니 그는 "무슨 말인지 모르겠는데요"라고 말했다.

"모르겠다니요?" 내가 되받았다. "이것이 바로 많은 교회들의 실상입니다. 우리는 태어난 '이유'를 잃어버린 겁니다."

"그래도 모르겠습니다." 그는 한결같았다.

이야기를 '알아들으려면' 출생증명서라는 개념이 결정적 단서가 되겠다는 생각이 퍼뜩 들었다. "한국에도 출생증명서가 있지요?"

"아뇨. 저는 무슨 말인지 통 모르겠습니다. 출생증명서가 뭡니까?"

"사람이 태어나면 나오는 서류, 그러니까 언제 어디서 태어났는지 증명해 주는 종이가 있어서, 그 종이를 잘 두었다가 여권 같은 것을 만들 때 쓰지 않습니까?"

"아뇨. 한국에는 그런 게 없습니다."

나는 다시 시작하기로 했다. "좋습니다. 아기가 태어나면 어떻게 되지요?"

"부모가 아기를 낳으면 가족 호적에 아기 이름이 올라갑니다."

서양에서는 모든 아이가 삶에 들어설 때 법적으로 하나의 독립된 개체로 규정된다. 동양에서는 삶에 들어서는 모든 아이를 법적으로 규정하는 것은, 아이가 태어나 속하게 된 관계망이다. 일부 아프리카 문화에서는[예컨대 반투 어족(語族)에 속하는 치체와(chichewa) 언어를 쓰는 사람들], 아이를 공동체에 '내보이기' 전에는 아이는 '도덕적' 신분을 얻지 못한다. 아기를 다른 사람들과의 관계 속에 들여놓기 전에는 생물학적 출생만 있고 '도덕적 출생'은 아직 없는 것이다. 밖에 '보이기' 전에 죽은 아기는 예식이나 상을 치르지 않고 그냥 묻는다. 그러나 엄마와 함께 프라이버시에서 나와서 공동체에 내보인 아기는 그 공동체의 다른 모든 사람들과 똑같이 모든 특권을 얻게 된다. 오래 전에 아프리카 신학자 존 음비티(John Mbiti)는 자기가 믿기에 아프리카가 전 세계의 영성에 기여할 수 있는 최고의 선물을 서구에 소개한 바 있는데, 그것은 바로 "우리가 존재한다. 고로 내가 존재한다"라는 우분투(Ubuntu) 원리다.[7]

우리 시대의 가장 큰 영적 이단은 우리가 서로 분리되어 있다는, 내가 너 없이도 이 세상에서 기능할 수 있다는, 내가 '완벽한 프라이버시 속에서' 울 수 있다는 개념이다. 심지어 예수님도 "나와 아버지는 하나이니라"[8]고 하셨다. 예수님은 한 번도 혼자 행동하시거나 말씀하신 적이 없다. 신경(信經)은 "내가 믿사오며"로 시작된다. 그러나 예수님은 "우리 아버지여…"로 시작하신다.

제자들 중에 예수님을 한쪽으로 모시고 가서 "나에게 기도를 가르쳐 주소서"라고 말한 사람은 아무도 없다. 제자들은 "나는 특별하니까"라며 특유의 개인화된 기도를 간청하기보다는 예수님께 우리에게 기도를 가르쳐 달라고 했다.[9] 그들은 공동의 기도를 청했다. 형제자매들의 유익을 청했다. 흔히들 말하듯이 주기도문에서 '나'는 침묵한다. 우리는 혼자 기도하지 않는다.[10]

사도 바울은 그것을 최대한 단도직입적으로 표현했다. 아무도 어느 누구에게 "나는 네가 필요 없다"[11]고 말할 수 없다는 것이다. 영혼의 세계는 '너'—다른 사람—안에 있다. 너와의 소통의 상실은 영혼의 상실의 또 다른 이름이다. 사람들, 회중들, 나라들은 자신의 영혼을 잃을 수 있다. 입을 벌려 "혼자 있고 싶다"고 말할 때―그보다 더 빨리 영혼을 빨아내는 것은 없다.

텔레비전 프로그램 "섹스 앤 더 시티"(Sex and the City)의 한 일화에 보면, 캐리 브래드쇼가 5백 달러짜리 신발을 산다. 두 자녀를 둔 친구가 그것을 보고 놀라자, 그녀는 "나는 신발에도 이런 돈을 쓸 수 있어. 독신으로 살기로 선택했기 때문이지"라고 말한다. 딱할 정도로 잘못된 생각이다. 혼자 살도록 '지어진' 사람은 아무도 없다. 우리는 다 서로를 위하여―하나님, 피조세계, 다른 사람들과의 관계를 위하여―'지어졌다.' [12]

탈무드에는 하와의 재료가 된 '갈비뼈'를 얼굴로 보는 해석이 있다. "첫째 아담은 얼굴이 둘이었다. 둘째 아담은 자기 얼굴로 만들어진 자기 친구를, 얼굴을 맞대고 만난다."[13] '나'는 교제 안에서만, '너' 안에서만 진정 나가 된다. 다른 사람 안에서 우리는 친밀함과 소통을 상기시키는 그 무엇을 본다.

여태까지 삼위일체에 대해서 쓰인 가장 훌륭한 말들 가운데 나지안주스의 그레고리(Gregory of Nazianzus)가 쓴 것이 있다. "나는 세 분의 광휘에 당장 둘러싸이지 않고는 한 분을 생각할 수 없고, 한 분에게로 즉시 되돌아가지 않고는 세 분을 분간할 수 없다."[14] 하나님의 삶에서는 물론 인간의 삶에서도, 둘은 정말 하나이고 하나는 정말 둘이다. 사랑은 둘을 요한다. 사랑이 하나뿐이면 병, 향수병, 심지어 죽음에 이르는 병이 생긴다.

> 세상의 불가사의는 대여섯 가지가 아니라 딱 하나뿐이니 곧 사랑이다.
> ―자크 프레베르[15]

♡ ♥ "내가 너라면…"

철학과 역사에 '가정 추론'[16]이라는 것이 있다. 과거나 미래에 대해서 대안 시나리오들, 돌발적 사건들, '만일 그렇다면'의 이야기들을 가정하는 것이다. 가정 추론의 교과서적인 예는 "내가 너라면…"이라는 가설이다.

당신은 가정 추론에 얼마나 능한가? 당신의 교회는 '내가 너라면'이라는 추론을 할 줄 아는가? 하나님 임재 안에서는, 정체성에 성품이 있는 곳에서는, '내'가 '네'가 된다.

가정 추론을 할 줄 모르는 것만큼 창의력과 변화를 막는 것은 없다. 심리학자 하워드 가드너(Howard Gardner)는, 다른 사람들에게는 눈이 먼 채 자신의 관점밖에 볼 줄 모르는 것과 자신의 생각을 바꾸고 창의적이 되는 능력 사이에 반비례 관계가 있음을 발견했다.[17] 상대방의 입장이 되어 보고 "내가 너라면…"을 구사할 줄 알게 되면, 당신의 삶이 변화와 창의력을 향하여 열린다.

토라의 가장 유명한 말씀들 가운데 이런 것이 있다. "여호와께서 아브람에게 이르시되 너는 너의 본토 친척 아비 집을 떠나."[18] 우리는 히브리어 *lekh lekha*를 '너는 떠나'로 번역한다. 그러나 문자적으로 그것은 "너 자신에게로 가라"는 뜻이다. 하시디즘의 스승이며 게르(Ger, 폴란드 게르에서 시작되어 지금은 예루살렘에 본부를 둔 하시디즘 가문-역주)의 랍비인 예후다 라이브 알테르(*Yehudah Laib Alter*)는 *lekh lekha*라는 말을 "나가서 너 자신을 찾으라"는 의미로 보면 가장 적절하다고 주장했다.[19]

내가 네가 되지 않는 한 절대로 나는 진정 나를 찾을 수 없다. 그 나는 사실은 꾸벅꾸벅 졸며 공상에 빠져 있는데도, 자기가 위대한 일들을 꿈꾸고 있다고 착각한다. "나한테 돌아올 이득은?"이 삶의 주요 질문이 될 때, 사복(私腹)을 채우는 것이 당신의 궁극적인 자랑거리일 때, 당신의 삶 전체는 문제가 된다. 상호 소통이 없다면 인생은 고결함이라는 정체성이 없이 끝나 버린다.

내가 날마다 내 자녀들에게 던지려고 하는 질문이 있다(특히 그들이 텔레비전을 보고 있거나 비디오 게임을 하고 있을 때). "너희가 오늘 세상에 평화와 친선을 가져다주기 위해서 한 일은 무엇이지?" 세상에 너를 위한 평화와 기쁨이 없는 한 세상에 나를 위한 평화와 기쁨도 있을 수 없다. 모든 전쟁은 내란이다. 모든 부도덕은 "내가 내 아우를 지키는 자니이까"[20]라고 한 가인의 반문으로 시작되었다.

예수님은 이야기를 들려주심으로 가정(假定)을 가르치셨다. 선한 사마리아인의 비유를 생각해 보라. 그 이야기를 읽을 때 우리는 자신을 선한 사마리아인으로 보기를 좋아한다. 하지만 가던 길을 멈추고 몸을 굽혀 도와주는 사람, 회복의 비용을 전액 감당하는 사람은 우리가 아니다. 선한 사마리아인은 예수님이다.

우리는 다쳐서 오도 가도 못하게 된 빈궁한 사람이다. 어려운 사람들에게 도움을 베풀 때마다 우리는 네가 된 나로부터 그리하는 것이다. 또는 히브리서의 강력한 말로, "당신도 함께 갇힌 것처럼 재소자들에게 면회를 가라. 당신은 아직 몸을 입고 있으니 병자들을 돌보아 주라."[21]

여기 정말로 말이 안 되는 말이 있다. "나는 네가 필요 없다."[22]

부자들은 가난한 사람들에게 그렇게 말할 수 없다.

배운 사람들은 못 배운 사람들에게 그렇게 말할 수 없다.

건강한 사람들은 병든 사람들에게 그렇게 말할 수 없다.

세상의 최강대국은 나머지 세상에게 그렇게 말할 수 없다.

나는 당신에게 그렇게 말할 수 없고, 당신은 나에게 그렇게 말할 수 없다.

하나님 임재의 세계에서는 "만일 한 지체가 고통을 받으면 모든 지체도 함께 고통을 받고 한 지체가 영광을 얻으면 모든 지체도 함께 즐거워"한다.[23] 또는 권위는 덜하지만 더 잘 알려진 말로 하자면, 존 돈(John Donne)의 말은 널리 인용되어 왔으나 끝부분만 떼어 인용되었다. 영적인 사랑이 어떻게 성적인 사랑을 고상하게 격상시켜 주는가를 보여 준 최초의 기독교 작가일지도 모르는[24] 이 17세기의 시인은 소통의 그물망을 이렇게 그려냈다. "누구든지 한 사람이 죽으면 나도 작아진다. 내가 인류에 속해 있기 때문이다. 그러므로 누구를 위하여 종이 울리는지 알아보려고 절대로 사람을 보낼 일이 아니다. 종은 당신을 위하여 울린다."[25]

♡ ♥ 둘의 시너지

둘이 있는 곳에 언제나 셋이 있다. 어떻게 그럴 수 있을까?

첫째, '하나'가 자신과의 관계 속에 있고, 자신을 의식하고 있고, 자아를 이해하고 있다면, 그 하나는 사실은 둘이다. 둘째, 둘의 시너지, 배수(나와 너)의 신비, 예수님이 '두세 사람'이라는 희미한 논리 속에 전달하신 신비가 있다. 예수님은 전도서의 전통―"두 사람이 한 사람보다 나음은…홀로 있어 넘어지고 붙들어 일으킬 자가 없는 자에게는 화가 있으리라"[26]―을 취하셨다. 그분은 그 전통을 이런 영적 금언으로 바꾸셨다. "두세 사람이 내 이름으로 모인 곳에는 나도 그들 중에 있느니라."²⁷ 시너지란 하나 더하기 하나가 둘 이상이라는 뜻이다. 예수님의 '두세 사람'이라는 문구에 삶의 관계 법칙이 잘 전달되는 것은 그 때문이다.²⁸ G. K. 체스터튼(Chesterton)은 셋과 3백만의 차이보다 둘과 셋의 차이가 더 크다고 말한 적이 있다.²⁹

둘의 신비는 Zwei가 둘을 뜻하고 Zweifel이 의심을 뜻하는 독일어에서 가장 잘 전달된다. 하나가 둘 이상이 될 때마다 불확실함과 의심이 있다. 관계란 어려운 것이다. 카잔차키스(Kazantzakis) 작 「그리스인 조르바」(*Zorba the Greek*)의 영화[카코야니스(Cacoyannis) 감독]에서, 조르바는 자신이 결혼했느냐는 질문에 이렇게 대답한다. "아내, 자식들, 집―그야말로 대재앙입니다."³⁰ 관계는 어긋난 소통, 타이밍을 놓친 훈수, 잘못 해석된 신호, '그야말로 대재앙'으로 가득하다. 관계에 들어서면 불확실해지고 예측 불가능해지고 상처 받기 쉬워진다.³¹

"나는 글쓰기를 아주 좋아한다"고 말하는 사람들이 나는 의심스럽다. "당신 미쳤소? 글을 쓰기는 쓰는 거요?"라고 말하고 싶어진다. 내가 아는 글 쓰는 사람들 중에 '글쓰기를 아주 좋아하는' 사람은 아무도 없다. 역사가 찰스 비어드(Charles Beard)는 생애 말년에, 글쓰기는 양탄자 위에서 고양이 꼬리를 잡고 역방향으로 끄는 것과 같다고 말했다고 한다. 쉬운 적이 없었다는 말이다. 글쓰기란 몇 시간이고 의자에 꼼짝없이 묶여서 시시콜콜 따지고 머리를 쥐어뜯고 자판을 쾅쾅 치면서 지루한 노동을 하는 것이다. 글 쓰는 사람들은 글쓰기를 즐기지 않는다. 글 쓰는 사람들은 다 써 놓은 상태를 즐긴다.

"나는 사랑하기를 아주 좋아한다"고 말하는 사람들도 똑같다. 정말로? 사랑은 어렵다. 사랑은 성가시다. 사랑하는 사람들은 사랑하기를 즐기지 않는다. 사랑하는 사람들은 이미 사랑한 것과 사랑받는 것을 즐긴다. "소통만 시키라!" E. M. 포스터(Forster)가 처방한 해답이다.[32] 그러나 "소통만 시키라!"는 가장 지키기 어려운 계명일 수 있다.

사랑하는 사람들은 운다(예수님도 친한 친구 나사로 때문에 그러셨다).[33] 사랑하는 사람들은 외롭고 두렵다(예수님도 겟세마네 동산에서 그러셨다).[34] 사랑하는 사람들은 미친 듯이 노한다(예수님도 성전에서 그러셨다).[35] 사랑하는 사람들은 거부당하고 배반당한다(예수님도 유다, 베드로, 사실대로 말하자면 모든 제자들에게서 그러셨다). 사랑하는 사람들은 오해받는다(예수님도 거의 항상 그러셨다). 사랑과 상실은 바늘과 실처럼 함께 다닌다. 친밀함이란 우리가 상실 속에서 다른 사람들을 사랑한다는 뜻이다. 우리의 상실들은 아주 크다. 유기(遺棄), 배신, 죽음, 실패, 죄책, 상심, 질투, 빈곤, 격노, 슬픔 등등 말하자면 한이 없다.

요즘의 친밀함은 공간을 나누고, 갈망을 나누고, 사명을 나누는 문제가 아니다. 이제 그것은 자아를 나누고, 자기 자신에 대하여 말하고, 알몸을 드러내는 문제가 되었다.[36] 불과 1950년대까지만 해도 당신 자신에 대해서 말하거나 자신을 너무 많이 드러내는 것은 ('교훈 문학'에서) 틀린 형태로 간주되었다. 지금은 당신의 가장 깊은 자아를 드러내는 것이 긍정적인 덕목이 되었다. 토니 소프라노(텔레비전 드라마 "소프라노스"에서 제임스 갠돌피니가 맡은 마피아 역―역주) 같은 터프 가이들도 그렇게 한다. 20세기 최고의 시인들 가운데 둘인 실비아 플라스(Sylvia Plath)와 테드 휴즈(Ted Hughes)의 결혼을 두고 했던 말―"친밀함에 잔뜩 몰두하느라 그들은 별거 없이는 개별성을 재발견할 수 없었다"[37]―을, 이제 자아에 완전히 몰입된 우리의 자폐증적인 문화에 대해서도 할 수 있게 되었다. 천주교회는 그것을 '미국의 장애'라고 부른다. 미국에서 혼인 무효를 선언해 주는 가장 흔한 '근거들' 가운데 하나는 교회의 표현으로 '심리적 무기력', 즉 친밀한 유대 관계를 이루는 능력의 결핍이다.[38]

우리는 아이가 부모와 누리는 친밀함을 원하면서도, 성인이 누리는 자유와 자율성을 그대로 원한다. 우리는 언약의 부대낌 속에 뒤틀리고 묶여서 갇히기를 원치 않으면서도, 만족스럽고 지속적인 관계를 죽도록 찾아다닌다. 그 관계에 무엇이 포함되는지 아는가? "나는 너를 사랑한다"의 부대낌, 상호 언약의 근본적 메타내러티브다.

기독교 출판사들은 교회를 구조조정하여 좀더 시의성 있게 만들 필요가 있다는 내용의 책들을 시장에 봇물처럼 쏟아내고 있다. 그러나 우리에게 필요한 유일한 구조조정은 더 시의성 있는 기관들이 아니라 더 바른 관계들이다. 바르다(just)는 말과 정의(justice)라는 말을 둘러싸고 많은 혼란이 있다. "마땅히 정의를 누려야 한다"는 말은 "마땅히 당할 것을 당하게 한다", 즉 범죄에 합당한 벌을 내린다는 뜻이 되었다. 그것은 성경이 말하는 정의가 아니다. 하나님 임재의 메타내러티브에서 정의는 친밀함이라는 한 단어로 압축된다. 그것도 특히 세 가지 관계와 관련된 친밀함이다. 성경이 말하는 정의는 피조세계와의 친밀한 관계, 서로와의 친밀한 관계, 하나님과의 친밀한 관계. 어떤 사람들에게 예수님은 이 땅에서 천국으로 가는 길을 보여 주려고 오시는 분이다. 또 어떤 사람들에게는 이 땅 위에 천국을 이루는 길을 보여 주려고 오시는 분이다. 하나님 임재 안에 있는 사람들에게는 예수님은 그 두 가지를 다 보여 주려고 오신다.

구조조정된 관계들 속에서 우리에게 필요한 것은 세 가지 필수적인

'너'와의 바른 친밀함이다.

1. 하나님이라는 '너'와의 친밀함. 우리는 온 마음으로 하나님을 사랑할 수 있는가?

2. 다른 사람들이라는 '너'와의 친밀함. 우리는 서로를 나처럼—또 하나의 자아처럼—귀히 여길 수 있는가? 우리는 자신을 사랑하는 만큼 이웃을 사랑할 수 있는가?

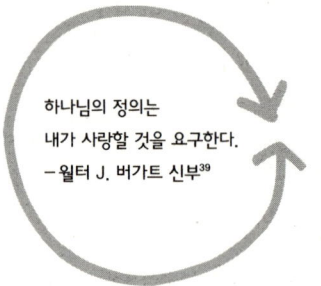

하나님의 정의는
내가 사랑할 것을 요구한다.
−월터 J. 버가트 신부[39]

3. 피조세계라는 '너'와의 친밀함. 우리는 "땅[이]…여호와의 것"이요 우리의 것이 아니라는 현실—하나님의 땅을 돌보는 일을 우리가 위임받았을 뿐이라는 현실—을 살아낼 수 있는가?

우리의 힘이 미치는 한에는, 즉 우리 몫의 땅에는, 하나님 나라가 임할 수 있는가? 하나님 임재가 지상에 알려지고 나타날 수 있는가? 우리는 하나님을 다른 무엇보다도 사랑하고, 다른 사람들을 또 하나의 나처럼 사랑하고, 이 땅과 그 안의 만물을 사랑할 수 있는가?

1. 하나님이라는 '너'와의 친밀함

발견하고 꿈꾸는 능력에 관한 한, 아이작 뉴턴(Isaac Newton)에 필적할 사람은 역사상 레오나르도 다 빈치와 앨버트 아인슈타인 둘밖에 없다. 나이 스물세 살에 뉴턴은 이미 당대의 과학계를 뒤집어 놓았다. 평생 동안 그의 총명한 사고는 과학계와 수학계[40]에는 물론 (덜 알려져 있지만) 신학계[41]에도 놀라운 발견들을 이루어 냈다. 뉴턴의 생애 말년에

한 팬이 그에게 어떻게 그 많은 놀라운 것들을 발견하고 행할 수 있었는지 물었다. 뉴턴은 "항상 생각이 거기 있었지요"라고 대답했다.[42]

그 말을 읽노라니 나는 나의 어머니 메이블 보그스 스윗(Mabel Boggs Sweet)이 늘 하던 일이 생각났다. 순례자 신성 교회의 안수 받은 사역자였던 나의 어머니는 집안일을 하거나 볼일을 보러 다닐 때 콧노래를 흥얼거리는, 거슬리는 습관이 있었다. 하루는 내가 "엄마, 왜 콧노래를 흥얼거리세요?"라고 물었다. 어머니는 "예수님을 생각하고 있거든" 하고 말했다. 나는 "제가 듣기에는 생각하는 게 아니라 흥얼거리는 것 같은데요"라고 말했다. 어머니는 생긋 웃으며 말했다. "흥얼거리면서 생각하는 거야. 내가 뭐라고 흥얼거리는지 안 들려?" 하고 말했다.

그러더니 어머니는 노래를 부르기 시작했는데, 듣고 보니 어머니가 가장 즐겨 부르는 노래들 가운데 하나였다.

예수는 내 모든 세상
내 생명 내 기쁨 내 전부
날마다 나의 힘 되시니
주 없인 난 쓰러지리.
슬플 때 나 주께로 가네,
주님만 날 위로하시네.
슬플 때 내게 기쁨 주시니
주님은 나의 친구.[43]

내가 항상 생각하는 것은 무엇인가? 우리들 각자는 공상을 하고, 그런 공상들이 우리의 일상생활의 메타내러티브를 형성한다. 미국 2대 대통령 존 애덤스(John Adams)의 일기장에 단골로 등장하는 내용 중 하나는 이런 것이다. "가족들과 함께 집에 있다. 생각한다." "집이다. 생각한다."[44]

우리는 무슨 생각을 하고 있는가?

에베소서에서 바울은 최고의 영적 실천을 딱 세 단어로 규정했다. "사랑 가운데서 행하라."[45] 예수님과 동행한다는 것은 사랑 가운데서 행하는 것이다. 그 '매일의 행보'를 형성하는 것은 우리의 공상이며, 공상은 '마음의 욕망'을 보여 준다. 그런 욕망이 우리의 운명을 결정짓는다.[46] 우리가 공상하는 내용은 복권에 맞아 대박이 나는 것, 직장이나 학교나 교회에서 홈런을 치는 것, 아메리칸 드림을 확실히 이루는 것인가? 아니면 우리의 공상은 사랑 가운데서 행하는가? 나의 공상은 메이블의 공상과 같은가? "예수는 내 모든 세상, 내 생명 내 기쁨 내 전부"인가?[47]

누가 "무슨 생각을 하고 있습니까?" 또는 "무슨 생각을 하나요?"라고 물으면 당신은 "예수님 생각을 하고 있습니다"라고 말할 수 있는가?

예수님과 동행하다 보면 그 행보의 걸음걸이가 여러 가지임을 알게 된다. 달릴 때도 있고, 춤출 때도 있고, 산책할 때도 있고, 절뚝거릴 때도 있고, 쉴 때도 있다. 하지만 그 '매일의 행보'는 하나님과의 친밀한 걸음인가? 성경을 공부하는 것은 하나님이라는 '너'와 누리는 친밀함의 지고한 형태다. 성경과 관계를 맺는다는 것은 계명(*mitzvah*, 계율)에 순종하는 것이 아니다. 오히려 그것은 하나님의 임재 안에 들여지는 것, 천국에서 하나님의 존전에 직접 있게 될 때를 제외하고는 하나님께 최대한 가까워지는 것이다.

2. 다른 사람들이라는 '너'와의 친밀함

어느 지역교회의 한 사역자가 "움직이는 식사"(Meals on Wheels, 환자나 노인을 위한 식사 배달 서비스—역주) 기관에서 맡은 자원봉사의 일환으로 식사를 배달하던 중이었다. 그가 식사를 들고 한 여자의 집으로 갔더니 마침 그날 그녀의 하나뿐인 자식이 다니러 와 있었다. 사역자는 그렇게 훌륭한 아들을 둔 것에 대해 여자에게 축하를 건넨 다음 이렇게 덧붙였다. "저도 자식을 여덟을 두었습니다."

> *Trahit sua quemque voluptas.*
> 우리는 다 자기가 원하는 일을 한다.
> —베르길리우스의 「목가집」[48]

"자식을 여덟이나!" 여자가 큰 소리로 말했다. "사랑을 여덟으로 나눈다는 건 난 상상도 못해요. 내가 내 아들을 얼마나 사랑하는데."

"부인, 사랑은 나눗셈이 아니라 곱셈입니다." 남자가 부드럽게 말했다.

예수님 사랑은 많이 줄수록 적게 남는 가감법에 기초한 것이 아니다. 예수님 사랑은 영원에 기초한 것이다. 많이 줄수록 고루 돌아갈 것이 더 많아진다. 예수님 사랑은 무한대에 기초한 것이다. 참 사랑은 중력을 거스른다.[49] 많이 베풀수록 당신도 더 많이 받는다. 사랑의 계산법에서, 당신은 베풀지 않은 것은 소유할 수 없다.

예수님 사랑은 타인에 기초한 것이다. 우리는 사랑으로 '모든 이'에게 그리고 '더욱 믿음의 가정들에게' 다가가야 한다.⁵⁰ 한 성경학자의 말을 빌리면, "기독교 공동체는…사랑의 책임에 있어서 최저 한도만 규정할 뿐 가장 먼 범위는 규정하지 않는다."⁵¹ 아버지와 본질상 하나이신 예수님은 모든 인간 각자와도 본질상 하나이길 원하신다. 그분은 또 우리도 모든 인간 각자와 본질상 하나가 되기를 원하신다. 다른 사람들이라는 '너'와의 관계 속에서만 우리는, 자신이 절반의 자아에서 양질(良質)의 자아, 참 자아로 옮겨가는 것을 경험할 수 있다.

로레인 키슬리(Lorraine Kisly)는 주기도문에 대한 훌륭한 저서에서, 우리가 일요일이면 교회에서 "하늘에 계신 우리 아버지여"라고 기도할지 모르지만 실제로는 '주기도문을 뒤집어 놓는' 기도로 살아가고 있다고 말한다. 우리가 주기도문을 외울 때 우리 마음속의 실제 기도는 다음과 같다는 것이다.

온 땅의 주인이시여,
다른 모든 사람들 위로 내 이름을 높여 주소서.
내 뜻이 절대 꺾이는 법이 없는
그런 나라를 내게 주소서.
무엇이든 내 소원대로 취하게 하시고,
나를 대적하는 모든 자에게 복수하여 주소서.
내 모든 욕망을 채우게 하시고
내 길을 막는 모든 사람을
누를 수 있는 힘을 주소서.⁵²

겉으로 "하늘에 계신 우리 아버지여"라고 기도하는 것은, "우리 모두를 매순간 항상 유혹하는 악독한 기도에서" 우리를 보호하기 위한 것이라고 키슬리는 말한다.53

시인 제임스 펜튼(James Fenton)은 사랑의 시를 쓰는 데 진력이 났다. 그래서 그는 '사랑'이라는 말 대신 '파리'(Paris)라는 말을 넣었다.

> 친한 친구들이 역경을 만날 때, 우리는 그 속에서 늘 완전히 싫지만은 않은 뭔가를 발견한다.
> — 프랑수아 드 라 로슈푸코54

나에게 사랑을 말하지 말라. 파리를 말하자.
네 가장 소소한 일에도 나는 파리를 느낀다.55

'사랑'이라는 말을 '파리'가 아니라 '그리스도'로 대체하면 어떨까? 본래, 그리스도인에게 있어서 친밀함이란 다른 사람들과 함께 '그리스도 안에' 있는 것이다. 그것은 두 사람이 서로를 바라보는 것이 아니라 둘 다 '그리스도 안에서' 한 방향을 바라보는 것이다. 둘 다 공상(空想)을, 교회와 세상을 위한 하나님 꿈으로 바꾸고자 애쓰는 것이다.

conviviality(유쾌함, 연회)는 더 이상 자주 들리는 단어가 아니지만 되찾을 가치가 있는 단어다. convivial의 첫 음절 con은 '함께'라는 뜻이고 vivial은 '살다'는 뜻의 vivere에서 왔다. convivial은 '함께 산다'는 뜻이다. 그리스도인들은 원래 함께 사는 사람들이다. 그리스도인들은 함께 사는 법을 배우거나 아니면 그렇게 살려고 애쓰다 죽는 사람들이다.

성찬식 행위를 통해서 우리는 우리의 conviviality(함께하는 삶)를 가장 친밀하게 의식(儀式)으로 표현한다. 우리는 함께 모여서, 그리스도 안의 삶과 우리의 함께하는 삶 둘 다에 대하여 감사를 드린다. 조지 폭스 대학교 목회학 박사과정의 총책임자인 내 친구 척 코너리(Chuck Conniry)는 어느 성찬식 예배에 참석했던 이야기를 했다. 빵이 어찌나 말라붙고 포도주스는 어찌나 밋밋하던지 그의 입과 영혼이 둘 다 뒤로 움찔했다. 우리가 예수님의 몸과 피를 이렇게 건성으로 취급하나 싶어서 뜨끔했던 것이다. 그런데 갑자기 성령께서 그에게 책망의 말씀을 주셨다. 그리스도의 빵에서 우리는 메마르고 부서지고 실망스런 '그리스도의 몸'을 맛본다. 그것을 통해서 우리는, 하나님이 우리—메마르고 부서지고 실망스런 '그리스도의 몸'인—를 찾으시고 여전히 사랑하시는 것을 알게 된다. 그래서 교회는 역사적으로 성찬식을 이런 솔직한 자기 표출의 말로 시작했다.

> 자신의 죄를 진심으로 간절히 회개하고, 자신의 이웃들을 사랑하고 불쌍히 여기며, 하나님의 계명들을 좇아서 이제부터 그분의 거룩한 길로 행하며 새로운 삶을 살기로 작정하는 사람들, 그대들은 믿음으로 가까이 나아와 이 거룩한 성체를 마음에 받으라.[56]

교회사의 가장 큰 싸움들 중 일부는 그리스도가 성체 속에 어떻게 임재하시는가를 두고 벌어졌다. 그러나 진짜 이슈는 그리스도가 성체 속에 어떻게 임재하시느냐가 아니라 그리스도가 우리 안에 어떻게 임재하시며 우리가 다른 사람들에게 어떻게 임재하느냐 하는 것이다. 우리는 어떻게 다른 사람들에게 성찬처럼 하나의 임재가 될 것인가? 메마르고 부서지고 실망스런 우리가 어떻게 '성체', 세상을 위한 하나님 임재가 될 수 있을까?

우리는 어떻게 하나님 임재를 위하여 '임재하게' 될 것인가? 오래된 한 이단은 우리가 세상과 잡생각들에서 벗어나야만 그것이 가능하다고 말한다. 예수님을 만나고 싶은가? 당신과 삶의 속도와 세속 사회 사이에 어느 정도 거리를 두라. 어딘가로 가서 묵상하라. 어딘가로 가서 명상에 잠기라.

예수님은 그렇게 가르치지 않으셨다. 그분은 말씀하시기를 하나님의 임재는, 지독히 맛없고 구질구질한 삶 속에서 만나는 것이라고 하셨다.

퀘이커교 창시자 조지 폭스(George Fox)는 모든 인간 안에 '하나님의 그것'(that of God)이 있다고 말했다.[57] 그 사람이 그것을 보든 보지 못하든, 좋아하든 좋아하지 않든, '하나님의 그것'은 엄연히 있다. 그래서 폭스는 새로운 종교가 아니라 '친구들의 사회'(Society of Friends, 퀘이커교)를 창시한 것이다.[58]

하나님의 임재를 모든 '너' 안에서 찾을 수 있다면—사실 모든 인간은 하나님의 형상을 지니고 있다—그분의 부재도 모든 '너'에게서 발산된다. 인간을 품으시는 하나님의 성육신적인 포옹으로 그리스도는 우리를 해방시켜 다른 사람들을 사랑하게 하신다. 그러나 하나님이 포옹하신다고 해서 우리 성격 속의 들보들이 없어지거나, 분노와 혼란에 빠져 균형을 잃은 모든 시각들이 지워지는 것은 아니다. '성격 증인'으로서 자기 자신을 솔직히 좋게 증언할 만한 사람이 누가 있겠는가?

관계는 달콤하고 환한 만큼이나 또한 쓰라리고 어두운 것이다. '공동체'에 대한 작금의 글들을 보면 낭만주의와 이상주의가 넘쳐난다. 상상 속에나 존재하는 과거의 안정된 공동체들을 동경하는 공산사회주의자들의 글들이 특히 그렇다. 그러나 유대(紐帶)는 어느새 굴레가 될 수 있다. 19세기 프랑스의 사회 평론가 알렉시 드 토크빌(Alexis de Tocqueville)은 다수의 폭정 같은 폭정은 없다고 경고했다. 어느 공동체의 공동 의지에 한번 도전해 보라. 보이지 않는 족쇄의 힘을 느끼게 될 것이다.

어떤 그리스도인들은 '실현된 종말론'의 잘못을 범하고 있다. 그들은 지금 여기서도 영광의 미래만큼이나 매사가 완벽하기를 기대한다.

> 공동체를 사랑하는 사람들은 공동체를 망치고, 사람을 사랑하는 사람들은 공동체를 세운다.
> — 디트리히 본회퍼[59]

그리스도인들은 '한 번에 한 세상씩' 사는 것이 아니다. 그리스도인들은 현존하는 세상에서 장차 올 세상을 산다. 그러나 현존하는 세상에서는, 모든 '너'가 고유명사(명예로운 아무개)로 느껴질 수도 있고 시시한 형용사(모든 '너'는 보기 흉한 발작들을 한다)로 느껴질 수도 있다. 뿐만 아니라 모든 '너'는 흑인 교회에서 쓰는 표현으로 뭔가 '냄새나는 생각'을 한다.

모든 '너'는, 옛 찬송가의 가사는 혹 몰라도, 그 진리는 직접 안다.

두 가지 신기한 것 고백하니
주의 영광스러운 사랑과
내 보잘것없는 모습이라.[60]

모든 '너'는 성인(聖人)과 죄인이 동시에 존재하는 현실을 살아간다. 나는 아름답지만, 흉한 것도 나다. 둘 다 사실이다. 모든 '너'는 신성한 피조물이므로 모든 '너'는 하나님께 아름답다. 그러나 현재 우리가 살고 있는 세상에서 나는 나 자체로는 아름답지 못하다. 나는 비참하다. 나는 제대로 작동하지 않는다. 예수님만이 나의 유일한 아름다움이다.

성인과 죄인 사이에 완충재를 아무리 많이 끼워 보라. 그래도 둘은 결국 서로 부딪힐 것이다. 죄와 덕은 본래 동침하는 사이다. 호르몬은 우리를 이쪽으로 밀고 거룩함은 우리를 저쪽으로 민다. 지금 처한 세상에서 모든 '너'는 낮은 힘과 높은 힘 사이에서 씨름하며 살아간다. 문간에 야만인들이 있을지 모르지만 그들은 문 안팎에 다 있다.[61] 하나님은 선을 행하도록 나를 지으셨다. 그러나 나는 "내가 원하는 바 선은 하지 아니"한다.[62] 컨트리웨스턴 노래 가사처럼 "나는 죄짓는 일을 제일 잘한다."[63]

다른 사람들이 우리에게 잘못할 때, 우리는 두 가지 이미지를 떠올림으로써 잘할 수 있다. 양동이와 나선형 계단이다. 양동이 이미지는 닐 와이릭(Neil Wyrick)이 말한 것인데, 그는 우리 자신에게 한 양동이 분량의 액체 사랑이 있다고 상상해 보길 권한다. 누군가가 우리에게 잘못을 범하면 우리는 "그 사람의 발밑에 사랑이 흥건히 고일 때"까지 그의 온 몸에 그 양동이를 쏟아 붓는다.[64]

두 번째 이미지는 네덜란드의 화가 M. C. 에셔(Escher)의 한 석판화에서 온 것이다. 삶이란 잘해야 에셔의 끝없는 나선형 계단을 오르는 것과 같다.[65] 우리는 같은 실수들을 반복하면서 빙빙 돌아 올라간다. 우회로로 빠져 하향 곡선을 그리다가 다시 또 올라간다. 때로 계단에 주저앉을 때도 있고 미끄러져 내려갈 때도 있지만, 그래도 우리는 그 길에서 지혜를 건지고 점차 올라가 어둠을 벗어난다.

우리의 꼬부랑 여정에서, '하찮은' 사람이란 존재하지 않는다. 사실 우리의 가장 좋은 전진의 추진력은 계단에서 씨름하는 다른 '너'들과의 접촉에서 온다. 하루 2달러 미만으로 살아가는 세계 인구의 3분의 1이 우리가 하는 모든 일─배우고 노력하고 꿈꾸고 공상하는 등─을 빚어 줄 필요가 있다. 날마다 에이즈, 결핵, 말라리아로 죽어가는 1만 명의 아프리카인들, 해마다 굶어서 죽는 5천만의 사람들이 우리를 빚어 주어야 한다. 그래서 우리 영혼의 상태는 우리 이웃들과 나라들의 상태와 직결된다. 누군가의 부가 다른 사람의 빈곤에 의존하고 있다면 뭔가 잘못된 것이다. 다른 사람이 사다리를 내려가야만 누군가가 사다리를 올라갈 수 있다면 뭔가 잘못된 것이다.[66]

3. 피조세계라는 '너'와의 친밀함

포도를 원했던 오리 이야기를 들어 본 적이 있는가?[67]

오리 한 마리가 뒤뚱뒤뚱 어느 편의점에 들어가 계산대 위로 폴짝 뛰어올라가서는 거기서 일하는 사내에게 말한다. "포도 있어요?"

사내는 말한다. "미안하다. 포도는 없다."

오리는 고개를 끄덕이고 계산대에서 폴짝 뛰어내려 뒤뚱뒤뚱 걸어 나간다.

이튿날 오리가 다시 와서 계산대 위로 폴짝 뛰어올라가 묻는다. "포도 있어요?"

사내가 한숨을 지으며 말한다. "설명해 주지. 여기는 편의점이다. 청과물은 취급하지 않아. 그러니 없어. 포도는 없다고."

이번에도 오리는 고개를 끄덕이고 계산대에서 폴짝 뛰어내려 뒤뚱뒤뚱 걸어 나간다.

오리는 다음날에도 또 와서 계산대 위로 폴짝 뛰어올라가 묻는다. "포도 있어요?"

이제 편의점 사내는 부아가 치민다. "잘 들어. 설명했다시피 이 가게는 포도는 취급하지 않아. 한 번만 더 물어 보면 네 그 멍청한 발을 이 계산대에 대고 못질을 해 버릴 테다."

오리는 고개를 끄덕이고 폴짝 뛰어내려서 뒤뚱뒤뚱 걸어 나간다.

다음날 오리가 또 뒤뚱뒤뚱 들어와서 계산대 위로 폴짝 뛰어올라가 묻는다. "못 있어요?"

계산대 뒤의 사내는 심호흡을 한 뒤에 말한다. "그거라면 정말로 철물점을 찾아갈 일이지. 아니, 못 없어."

오리가 고개를 끄덕이며 말한다. "그럼 포도 있어요?"

오리는 편의점에 대해서 배울 생각이 없었다. 교회 문화도 환경과 환경 관리에 필요한 것에 대해서 배울 생각이 없이 부동 자세인 것 같다. 이제 그간 실패했던 전략을 재고해야 할 때다. 피조세계의 관리가 성경적이고 꼭 필요한 일이라고 교회를 납득시키려 하기보다는, 그냥 피조세계를 돌보는 일에 나서는 것이 어떨까? 하나님의 작품을 보호하는 일에 앞장서지 않는다고 교회를 질타하기보다는, 이제 서로와의 그리고 하나님의 동산인 지구별과의 끊어진 소통을 다시 이을 때다. 그나저나 동산을 관리하고 경작하는 일이야말로 본래 하나님이 우리더러

하라고 계획하신 일이 아닌가.⁶⁸

단어 paradise(낙원)의 어원은 '동산(정원)'이다. paradise는 고대 페르시아어 pairidaeza에서 파생되었는데(pairi는 '둘레', daeza는 '담장'), 이것은 사냥과 수목 재배를 위한 주전 6세기의 담장 둘린 공원을 가리키는 말이다.⁶⁹ 주후 3세기 말의 그리스 치하 이집트에서 출토된 어느 오지병에 정원사의 직무 내용을 먹으로 쓴 것이 실제로 존재한다. 정원사의 이름은 페프투몬트(Peftumont)이고 그의 매일의 직무들은 다음과 같다. 첫째, "정원에 물을 주고 관개 수로들을 관리한다." 둘째, "땅에 비료로 줄 야자 섬유 네 양동이를 만든다." 셋째, 해로운 침입(예컨대 참새와 까마귀)에서 정원을 보호한다. 넷째, "해질 때까지 일을 다 끝마친다." 하나가 더 있다. 페프투몬트는 "자신의 배설물을 넘겨주어 검사를 받아야" 했는데, 이는 "정원사가 정원에서 난 열매를 먹지 않았음을 탈라메스(Talames, 그의 고용주)가 '막대로 휘저어' 확인하게 할 수 있기" 위해서였다. 탈라메스가 이 검사권을 얼마나 자주 발동했을지 궁금하다.⁷⁰

페프투몬트가 관리하는 정원에 탈라메스가 소유권을 주장한 것처럼, 우리가 살고 있는 이 지구별도 하나님의 동산이다. "땅과 거기 충만한 것[이]…다 여호와의 것이로다."⁷¹ 그러나 정원사에게 열매들을 먹지 못하게 금한 탈라메스와는 달리 하나님은 우리가 동산의 충만한 것, 공기와 바다와 하늘과 땅의 충만한 것을 즐기기를 바라신다. 하나님의 동산에서 우리는 온갖 장애물을 극복하는 데 도움이 되는, 그리고 앞과 위로 나아가도록 감화를 주는, 모든 좋은 것들을 얻는다.⁷²

그러나 그 정원사의 옛 직무 내용의 나머지는 지금도 유효하다. 야

외보다는 쇼핑몰에 더 익숙한 세상에서, 수목과 정원보다는 블로그와 비디오블로그(vlog)를 더 자주 찾는 세상에서, 우리는 동산의 장기적 보존에 힘써야 한다. 표토 1인치를 만들려면 백 년쯤 걸리지만, 심한 강풍이 한 번 불거나 게으른 정원사 하나가 일을 소홀히 하면 그것을 몽땅 다 잃어버릴 수 있다.

하나님의 작품과의 친밀한 관계란 모든 그리스도인이 지역주의자라는 뜻이다. 부분(지역)을 아는 것은 곧 전체(우주)를 아는 것이고, 거꾸로도 마찬가지다. 전체 중에서 당신의 부분을 돌보는 책임이 곧 전체에 대한 책임을 다하는 것이다. 전체 중에서 당신의 몫, 그 몫의 행동이 당신의 손안에 있기에, 당신은 편하게 가만히 있어서는 안 된다. 지구가 피해와 상처를 입고 있고 사람들이 굶어 죽어가고 있는 것을 당신은 옆에 서서 지켜보고만 있을 수는 없다. 하나님의 작품이라는 '너'와의 친밀함은 우리 모두를 징집하여, "시인이자 농부인 웬델 베리(Wendell Berry)의 '나는 내가 발 딛고 선 땅을 대표한다'는 주의(主義)"에 들어가게 한다.[73]

D. H. 로렌스(Lawrence)의 「아들과 연인」(*Sons and Lovers*, 1913)에 보면, 중심인물 폴은 자기의 여자친구 미리암이 정에 굶주리고 박약해 보인다는 이유로 그녀를 질책한다. "그녀가 몸을 굽혀 꽃향기를 들이마시자" 그는 "마치 그녀와 꽃이 서로 사랑하는 것 같아서" 격노한다. "폴은 그런 그녀가 싫었다. 그 행동에는 일종의 노출이, 뭔가 너무 친밀한 것이 있는 것 같았다." 세상에는, 몸을 굽혀 꽃향기를 들이마시는 친밀함이 더 많이 필요하다.[74]

피조세계라는 '너'와의 친밀함에 대해서 내가 가장 좋아하는 은유들 가운데 하나는 주목(朱木)나무다. 주목나무는 처음 몇 백 년 동안은 위로 자란다. 그러나 수령이 더할수록 밖으로 자라는 시간이 많아져서, 빨간 구슬들이 점점이 흩어진 초록색 우산을 만들어 낸다. 주목나무가 어둑한 지붕을 만들어 내면 아이들은 그 밑에서 놀고 숨기를 아주 좋아한다. 곱사등이가 되어 땅에까지 휘어진 최고령의 주목나무들은 자신의 죽어가는 가지들에서 새로운 뿌리를 내리고, 그리하여 스스로 퇴비가 되어 거기서 새 생명을 낳는다.

자연의 기후가 변하여 이집트가 물댄 환경에서 사막으로 바뀌는 것은 그렇다 쳐도, 인간이 북극과 남극을 만년 빙원에서 온수 욕조로 바꾸어 놓는 것은 다른 문제다. 종교가 환경을 파괴하는 세력일 때가 너무 많았다. 제리드 다이아몬드(Jared Diamond)는 이스터 섬(남태평양 동쪽의 칠레령 화산섬—역주)의 삼림 남벌(濫伐)의 배후에 종교적인 동기가 있음을 보여 주었다. 이스터 섬 주민들은 자기들이 숭배하는 거대한 석상들을 운송하여 세우려고 아름다운 나무들을 베었고, 그것은 그들 문명의 환경적인 붕괴는 물론 나아가 경제적·문화적인 붕괴를 불러왔다.[75] 중동의 전쟁이 좋은 일일 수 없는 것만큼이나 환경 파괴도 좋은 일일 수 없다. 우리는 새 하늘과 새 땅을 위하여 기도하면서, 지금 우리가 '새 하늘'을 얻기 위해서 하늘을 파괴하고 있다는 생각은 통 할 줄 모른다. 우리에게 '새 땅'을 얻기 위해서 땅을 파괴할 권리가 있다고 생각하는 이유는 무엇인가?

♡ ♥ '나-너는 사랑한다'의 길

예배란 나의 소멸도 아니고 내가 하나님 임재 속에 흡수되는 것도 아니다. 예배란 가장 어려운 세 단어를 하이픈으로 이어서, '나는-너를-사랑한다'라는 한 단어의 거룩한 신비로 만드는 것이다.

이 세 단어에서 우리의 최대 문제는 문법의 문제다. '나'는 주어, '너'는 목적어, '사랑하다'는 동사다. '너'를 주어(주체)가 아니라 목적어(객체)로 대할 때마다 우리는 복음을 타협하는 것이다. 현실을 우리 자신의 일부가 아니라 우리 자신과 분리된 것으로 볼 때마다 우리는 복음을 타협하는 것이다. 복음은 주체만 알고 객체는 모른다. '나는-너를-사랑한다'보다는 '나-너는 사랑한다'로 사는 것이 더 좋다.

하나님이 먼저 우리를 사랑하심으로써 맡겨 주신 책임을, 우리는 '나-너는 사랑한다'로 받아들인다. 내가 하나님께 사랑받는 자이기에, 오직 하나님의 사랑 때문에만, 나는 다른 사람들을 사랑할 수 있다. 나는 하나님이라는 '너', 다른 사람들이라는 '너', 하나님의 피조세계라는 '너'를 사랑할 수 있다. 성경의 표현으로 "우리가 사랑함은 그가 먼저 우리를 사랑하셨음이라."[76] 우리는 이 진리의 위력을 무시할 수 없다. 하나님은 세상에서 가장 어려운 세 단어를 바로 아는 법을, 우리 스스로 알아내도록 버려두지 않으셨다. 하나님은 주도적으로 먼저 우리를 사랑하기로 하셨다. 가장 어려운 세 단어를 실천하는 엄청난 도전 앞에서 하나님은 우리를 도우시는 스승이요 교사이시다.

우리 스스로는 절대로 이 말을 완벽하게 할 수 없다. 그러나 적어도 우리는 시도할 수는 있다. 그래도 이 세 단어를 바로 알지 못하겠거든, 우리는 메타내러티브를 떠올릴 수 있다. 하나님은 세상을 이처럼 사랑하셨고, 그리스도는 세상을 이처럼 구속하셨고, 성령은 세상에 이처럼 편만하시다. 그러니 우리는 무엇을 걱정하고 있는가?

부록
다양한 증거

> 약한 자들에게는 내가 약한 자와 같이 된 것은 약한 자들을 얻고자 함이요.
> —사도 바울

복음도 하나요 우리가 구원을 얻는 이름도 하나다.¹ 그러나 각 문화는 자기만의 방식대로 복음을 성육신시키게 마련이다. 이것은 혼합주의가 아니라 각자의 세상 및 인생 경험에 맞는 방식으로 하나님을 알게 된 사람들의 진정한 표현이다.

바울은 누구보다도 이것을 잘 알았다. 이방인 세계에 복음을 전하는 사명을 받았던 그는 복음을 의미 있게 선포하기 위한 공통 기반을 찾는 데 대가였다. 이교도 시인들의 말까지 인용했을 정도다.² 또 이방인 세계 바깥에서 유대인들을 상대할 때에는 그는 "유대인과 같이 된 것은 유대인들을 얻고자 함"이었다.³ 그래서 가장 어려운 세 단어의 성경적 실천의 견지에서 진정한 복음 증거를 생각할 때에는, 반드시 '너'를 각 사람의 문화와 이야기와 인생 경험의 정황 안에서 생각할 필요가 있다.

♡♥ 다양한 증거로

이것은 아마 인간 게놈 프로젝트의 가장 커다란 발견일 것이다.[4] 생명을 유전자의 차원에서 볼수록 생명체들은 더 비슷해 보인다. 그러나 생명을 땅 위에 사는 그대로 볼수록 생명체들의 행동은 더 다양해 보인다.

우리 영혼의 풍경은 땅의 풍경을 그대로 닮는다. 결합성 자아가 하나님 임재 안에 거하고 그분의 임재가 우리 가운데 거하실수록, 우리는 서로 더 달라진다. 그리스도의 얼굴을 입으면 우리의 참 얼굴이 나오면서 각자의 '나'의 개성이 빛을 발한다.

그리스도의 거울은 거대한 구형(球形) 거울 같다. 다양한 각도에서 그 위에 빛을 비추면 그 거울은 매번 다른 것을 반사해낸다. 유대교의 아주 오래된 한 규정에 보면 모든 회당마다 이스라엘 열두 지파를 상징하는 열두 개의 창을 두도록 되어 있다. 각 지파마다 하늘로 향하는 각자의 창이 있는데 창마다 관점이 조금씩 다르다.

우리는 동일한 거푸집 속으로 우리를 억지로 밀어 넣으려는 압력들을 물리쳐야 한다. 옛말에도 있듯이, 인간들은 평등하지만 비슷하지는 않다. 또 신약의 가르침대로, 하나님은 우리의 차이점들을 염두에 두시고 우리를 배열하셨다. 눈은 여기에, 코는 저기에, 손발은 다른 데 두시는 것처럼 말이다.[5] 예수님은 우리를, 우리 각자를, 더할 나위 없이 각 사람답게 만드신다.

거짓 자아와 가짜 '나'의 위험성을, 인간과 자연 둘 다의 섬뜩한 획일성보다 더 잘 증거해 주는 것은 없다. 유머 작가 윌 로저스(Will Rogers)는 "당신과 내가 정확히 똑같다면 우리 중 하나는 불필요하다"고 말했다고 한다. 갈수록 동질화되는 세상 속에서 불필요한 사람들로 가득한 세상을 향하여 우리는 질주하고 있다.

우리 문화는 우리를 다 똑같게 만들려고 텔레비전, 영화, 책, 잡지, 라디오, 신문, 블로그들로 포격을 가한다. 나는 텔레비전에서 들은 말을 토씨 하나 안 틀리고 따라 하고 있을 때도 있다. 내 딴에는 독창적인 말인 줄 알았는데 알고 보니 몇 시간 전에 뉴스에서 들은 말을 그대로 옮기고 있었던 것이다. 포스트모던 시대의 전형적인 어머니의 말처럼, "너는 왜 남들과 달라지지 않니, 남들처럼?"

> 만물이 하나로 드러낸 [다양한] 증거 신실한 주 사랑 나타내네.
> —토머스 O. 치솜[6]

♡♥ 다양성 성명

21세기의 가장 큰 도전 가운데 하나는 세상의 이국적 정서, 차이의 미학을 되찾는 것이다. 온 몸이 한 가지 지체가 되면 아무것도 제대로 되지 않는다. 아마도 20세기 교회 통합 운동의 가장 큰 실패는 21세기의 진정한 '다양성 성명(聲明)'으로 발전할 수 있는 '다양한 증거'를 개발하지 못한 점일 것이다.

당신의 자동차 엔진에서 다양성은, 수많은 개구부(開口部)가 있어 여기저기를 연결해 주는 일실(一室) 파이프다. 마찬가지로 다양성은 '많은 곳들'의 상호작용이다. 그 많은 곳들은 다른 곳을 두려워하지 않으며, 철저히 어느 한 곳이 된다. 첫 오순절은 다양한 증거였다. 사도행전에 기록된 대로 초대교회 교인들은 '천하 각국으로부터' 왔다. 교회

통합 운동은 문화적 '다양성'의 언어를 이용하여 신학적 획일성을 강요한, 단수(單數)의 증거였다. '관용'은 좌익 정통이라는 '바른 사고'를 종용하는 수단이었다. 다문화적 언어는 단일문화 기독교의 겉표지가 되었다.

♡♥ 상충되는 다양한 정체성들

각각의 '나'는 다양한 정체성들, 심지어 서로 상충되는 정체성들을 지닌 복잡한 존재다. 그것을 인식하는 것이 다양성 성명의 첫째 요소일 수 있다. 아빌라의 테레사(Teresa of Avila)는 자신의 영성 고전 「내면의 성(城)」(The Interior Castle)에서, 인간 정체성을 "온통 다이아몬드나 아주 투명한 수정으로 만들어진 성"으로 보자며 "천국에 거할 곳이 많이 있듯이 그 성 안에도 방들이 많이 있다"고 했다.[8] 당대의 조앤 롤링(Joanne Rowling)에 해당하는 아서 랜섬(Arthur Ransome)은 파멜라 휘틀락(Pamela Whitlock)에게 보낸 편지에서, 그녀가 캐서린 헐(Katharine Hull)과 공동 작업 중이던 책 집필에 관하여 조언했다.[9] 랜섬의 조언에는 깊은 뜻이 들어 있다.

> 당신이 생각해야 할 유일한 청중은 파멜라입니다. 물론 파멜라는 포개 넣는 상자 한 벌처럼 하나 속에 또 하나가 들어 있습니다. 당신은 최대한 가장 안에까지 들어가야 하며, 그러고도 항상 그 안에 또 하나가 있을 것을 예상해야 합니다.[10]

우리의 겹겹의 정체성은 양파 껍질 같은 영혼에만 나타나는 것이 아니라, 동네와 지역과 전국과 세계 차원의 첩첩의 가입 단체들에도 나타난다. 사실 우리는 다수의 가입 단체들과 하이픈으로 연결된 이름들이 규범이 된 세상 속에 살고 있다. 영혼에는 서로 다른 단층들이 있고, 각각의 영혼에도 서로 다른 단층들이 있다.

> 만물을 충만케 하시는 사랑이신 주여, 우리를 모아들이소서./ 우리의 라이벌 신앙들도 울 안에 모아들이소서./ 각 사람의 성전 휘장을 찢으셔서 떨어지게 하소서.…/ 우리를 모아들이소서.
> ─19세기의 시각장애인 찬송 작사가 조지 매티슨[11]

1963년, 남부의 트럭 운전기사 출신인 엘비스 프레슬리는 가수로 한창 주가를 날리고 있었다. 엘비스는 이것저것 수집하는 성격이라서 가는 곳마다 창법을 건졌다. 그의 최고의 전기 작가는 그를 '타고난 동화력(同化力)'과 '천의 목소리'를 가진 멋의 창시자라고 했다.[12] 다른 사람들의 스타일을 모방할 때도 그는 복화술(타인이나 인형이 말하는 것처럼 보이도록 입술을 움직이지 않고 말하는 화술─역주)로 목소리를 흉내 내지 않았다. 컨트리, 가스펠, 팝, 리듬앤블루스 등 어떤 스타일의 음악을 노래하든 그는 그것을 자신의 '나'에 여과시켰다. 그는 여러 다양한 종류의 음악을 즐기면서도 굳이 그것들을 구별하려 하지 않았다.

음악적인 경험들을 창출해내는 그의 능력은(엉덩이를 흔드는 것과 같이) 흑인 문화에서 온 것이다. 그의 청중과의 교감과 깊은 정서적 공명과 뉘앙스는 The Statesmen이라는 가스펠 사중창단에게서 온 것으로, 그중 리드테너 잭 헤스(Jack Hess)의 절제된 비브라토는 엘비스에게 언제 억제해 두었다가 언제 풀어내야 할지를 가르쳐 주었다. 또한 그의 복장 활용은 이미지의 위력에 대한 그의 직관적 이해의 산물이었다. 그는 정반대의 것들을 접합시키기를 두려워하지 않았고, 선구자적인 아이러니 감각으로 역설을 구현했다.

한마디로 엘비스는 여러 모로 최초의 포스트모던 가수였다[아니면 적어도 최초의 웅·대한(EPIC) 뮤지션이었다].[13] 엘비스는 자신의 출신을 절대 잊지 않으면서도, 자신의 정체성이나 방향의 한도가 그 출신으로 규정되게 하지 않았다.

프린스턴 대학교 철학자 크와미 애피어(Kwame Appiah)는 「정체성의 윤리」(The Ethics of Identity)에 대한 권위 있는 고찰에서, 그것을 '뿌리가 확실한 세계주의'라고 불렀다. 사람이 애국자가 되면서도 동시에 보편 가치들을 지지하는 세계 시민이 될 수 있다는 뜻이다.[14] 뿌리만 있고 뿌리를 초월한 세계주의가 없다면, 콘래드(Conrad)와 나보코프(Nabokov) 같은 소설가들이나 예수님 같은 설교자들은 나오지 않았을 것이다. 평생을 같은 도시, 같은 거리, 같은 집에서 같은 풍경을 보며 살아야 하는 사람들도 있다. 그런가 하면 다양한 경치가 있어야 하는 사람들도 있다.

그러나 공간이 아무리 뿌리를 벗어났고 초점이 아무리 세계적이라 할지라도, 영혼은 깊이 뿌리내린 상태가 이상적이다. 군대가 뿌리와 날개 둘 다의 가치를 인식할 수 있을진대, 교회가 그러지 못할 이유가 무엇인가?[15]

> 영국밖에 모르는 사람들이 영국에 대해서 알아야 할 것이 무엇인가?
> ─러디어드 키플링[16]

♡♥ 차이의 존엄성

다양성 성명의 두 번째 요소는 차이의 존엄성이다. 성경에 창조 기사는 하나가 아니라 둘이다. 우리의 뇌가 1킬로그램 정도의 경량급이다 보니 하나 이상의 기사가 필요하기 때문이다. 복음서도 하나가 아니라 넷이다. 우리에게 넷이 필요하기 때문이다. 예수님이 어떤 분이신지 그 말할 수 없이 풍성한 그림을 이 유한한 존재들이 보려면, 여러 개의 기사가 있어야 한다. 마태복음의 산상수훈이 누가복음에는 평지의 설교다. 이것은 모순이 아니라 다양한 증거의 산물이다. 한 사람에게는 산인 것이 다른 사람에게는 평지다.[17] 콜로라도 주 에스테스파크에서 온 사람과 웨스트버지니아 주 엘킨스에서 온 사람, 그렇게 두 사람과만 이야기해 봐도 안다.

우리들 각자는 같은 일을 하고 있을 때에도 다르다. 드뷔시의 피아니시모는 베토벤의 피아니시모와 아주 다르다. 드뷔시는 초현실적이고 베토벤은 물리적이다. 각각의 문화는 같은 일을 하고 있을 때에도 다르다. 아프리카의 빈곤의 이미지들을 생각해 보라. 무엇이 떠오르는가? 북미의 빈곤의 이미지들을 생각해 보라. 무엇이 떠오르는가? '가난한 삶'도 장소와 사람에 따라 그 의미가 달라진다. 코미디언 크리스 록(Chris Rock)은 가난한 사람들이 뚱뚱한 나라는 세상에 미국밖에 없다고 우스갯소리를 한다.

건강한 생태계에는 다양성이 필요하다. 복제가 그토록 위험한 것도 그래서다. 복제는 다양성의 파기다. 기관(機關)들의 복제와 사회적 복제를 생각해 보라. 우리 문화의 각 부문들이 강요된 획일성을 예찬하고 있다. 개 쇼만 하더라도 획일성이라는 추상적이고 이상적인 잣대에 부합하는가를 기준으로 개를 판단할 것이 아니라, 근성과 기개와 정을 길러 준 것과 독창성, 개성 등에 대해서 상을 주는 새로운 웨스트민스터 개 쇼가 필요하다. 어떤 종(種)이든 복제 수준으로 기르면 유전자 풀이 파괴되어서 그 종은 온갖 종류의 침입에 취약해진다. 획일성은 멸종으로 가는 편도 표다.

획일성이 떨어지는 사람들은 그것 때문에 문제시되기 일쑤다. 2005년의 마이클 잭슨 재판에 대해서 어떻게 말해도 상관없지만, 그것은 소아성애 못지않게 개성의 문제이기도 했다. 그렇게 이상한 사람(대중매체는 종종 잭슨을 괴팍한 기인으로 칭하곤 한다), 그렇게 '엽기 행각'처럼 사는 사람이라면 누구를 막론하고 뭔가 죄가 있을 수밖에 없다는 말인가? 하지만 이상해 보이는 것(잭슨은 자기 얼굴의 '홈'과 특이점을 없애려고 하면 할수록 더 이상해 보였다)이 죄인가? 그렇다면 당신이 만일 독거미를 키우거나 하다못해 튤립을 재배하고 싶다면 어떻겠는가(둘 다 나한테는 똑같이 이상한 일이다)?

때로는 우리의 별난 모습이, 최고의 공헌을 낳는 자극제가 되기도 한다. 월트 디즈니(Walt Disney)는 쥐라면 질색을 하던 사람이었다. 그가 캔자스시티에서 창업했을 때 쥐 한 마리가 그의 허름한 작업실을 공포의 도가니로 몰아넣은 적이 있었는데, 그 쥐를 따서 그는 처음에 자신의 유명한 만화 인물의 이름을 모티머 마우스(Mortimer Mouse, 지긋지긋한 쥐)라고 지었다. 엘비스는 로버트 골렛(Robert Goulet, 엘비스가 '나는 저렇게 되지 말아야지' 한 모든 것의 상징)이 노래하는 장면이 나오면 텔레비전을 쏘려고 구경 357 권총을 늘 가까이 두었다.[18]

내 말에 대한 격한 반론들이 귀에 들리는 듯하다. 그중 분명한 것 한 가지, "하지만 그들이 잠잔 침대들은 어떤가?" 이전 시대들에만 해도 집안의 '침대'는 사적인 기능보다 사교적인 기능이 더 많았다. 중세 사회에서는 침구를 맨바닥이나 골풀 위에 펴지 않는 한, 집안의 주된 (그리고 종종 가장 큰) 가구는 침대였다. 침대는 모든 사람이 함께 누워 뒹구는 곳, 온 집안 식구들과 손님들이 잠자는 곳이었다. 원래 companion(동료)의 뜻이 빵을 함께 먹는 사람이었듯이(com은 '함께,' panera는 '빵'이라는 뜻) comrage(동지)도 원래는 당신의 침대나 천막을 같이 쓰는 사람을 뜻하는 말이었다. 게다가 그런 침대들에는 '이상한 동침 객들'이 가득할 때가 많았다. 청교도 아버지들은 자기 딸을 남자친구와 한 침대에 눕혔다. 물론 둘 사이에 칸막이를 단단히 했지만 말이다. 역사상 가장 억울하게 욕을 듣는 사람들 중 하나는 베들레헴의 여관 주인이다. 그는 마리아와 요셉에게 문전 퇴짜를 놓았다기보다는 당장이라도 해산할 산모에게 자기 집의 유일한 개인 공간을 내주었던 것이다.[19]

> 세계 시민은 어느 한 지역을 더 좋게 만듦으로써 세계를 더 좋게 만들 수 있다.
> —크와미 애피아[20]

엘비스나 마이클 잭슨이나 기타 누구의 유무죄를 따지기 전에, 요지는 별난 행동이 근본적으로 경계의 원인이나 사람들을—특히 복음에서—밀쳐낼 구실은 아니라는 것이다.

♡ ♥ 다양한 문화 속의 하나님 모습

모든 다양성 성명의 세 번째 요소는 하나님 임재를 각 사람, 사회의 각 차원, 각 문화, 역사의 각 시대에 토착화하는 것이다. 그간 교회의 주된 의식 구조는, 서구 기독교를 나머지 세상에 수출하는 것이었다. 그러나 예수님은 서구인이 아니었다. 그분은 각각의 사투리로 모든 문화에 말씀하신다. 21세기의 우리에게 예수님은 1세기에 하셨던 것과는 다르게 말씀하신다. 뿐만 아니라 세계 기독교의 주소는 새것으로 반짝이고 있다. 서쪽과 북쪽은 불빛이 희미하다. 이제 초인종은 남쪽과 동쪽에서 울리고 있으며, 전형적으로 문간에 나오는 사람은 남반구의 개념과 실천으로 기독교 신앙을 살아내며 포르투갈어로 손님을 맞이하는 브라질 빈민촌(favela)의 여자다.[21] 문화화(文化化)가 없이는 하나님 임재의 응집력 있는 메타내러티브도 있을 수 없다.

문화들 간의 접촉은 문명의 산소다.
—에메 세제르[23]

기독교 최고의 전성기는 미래에 있다. 사실 어떤 면에서 기독교는 이제 막 기저귀를 떼고 걸음마를 시작하는 중이다. 기독교가 달리기 시작하거든, 죽을힘을 다하여 꼭 붙들라. 어느 날 기독교가 걷거나 뛰는 차원을 넘어, 하늘을 날 것이라고 복음은 약속하고 있기 때문이다. 세상에 다시 오실 그리스도와의 환희에 찬 승천은 대단한 경험이 될 것이다.

살아 있는 믿음은 살아 있는 인격체와 같다. 그것은 계속 성장한다. 자기개혁(semper reformanda) 능력이 있어서 끊임없이 변화한다. 우리는 "그 옛날의 신앙을 주소서"라고 노래할 수는 있어도 "주여, 우리를 옛날로 되돌려 주소서"라고 노래하지는 않는다. 우리는 성장이 막힌 피터 팬처럼 "주여, 우리를 옛날에 머물러 두소서"라고 기도하지 않는다. 우리는 '현재의 이 시간'을 잘 살게 해줄 신앙을 달라고 노래하고 기도한다. 성경이 '요즘의 생활'과 관계가 있고 시의성이 있음을 신뢰하는 가운데 말이다.[22]

이중 종말론

성경은 땅 끝과 시간의 끝을 이어 주는 이중 종말론을 가르친다. 영성 훈련의 하나로 나는 성경의 마지막 단어('마라나타' 즉 "주 예수여, 오시옵소서")를 내 하루의 첫 단어이자 온 종일의 기도가 되게 하려고 노력한다.

그러나 마라나타(maranatha)라는 말에는 단어를 어떻게 가르느냐에 따라 두 가지 다른 의미가 있다.

- '마라-나타'는 "오소서 주여" 또는 "주여 오소서"라는 뜻이다.
- '마란-아타'는 "주님이 여기 계시다" 또는 "주님이 오셨다"라는 뜻이다.

'휴거에 준비되어' 살려면 그리스도인들은 마라나타의 두 가지 의미를 다 살아내야 한다. 첫째, 우리는 재림[parousia, 많은 복음주의 진영에서 '휴거'(공중으로 들어 올려짐)라고 한다 – "주께서 호령과 천사장의 소리와 하나님의 나팔로 친히 하늘로 좇아 강림하시리니 그리스도 안에서 죽은 자들이 먼저 일어나고 그 후에 우리 살아남은 자도 저희와 함께 구름 속으로 끌어 올려 공중에서 주를 영접하게 하시리니 그리하여 우리가 항상 주와 함께 있으리라"[24]]을 기대하며 살아야 한다. 이것이 "주 예수여, 오시옵소서!"[25]의 전통적 의미이며, 그리스도의 재림과 휴거를 향하여 위를 바라보는 종말론이다.

그러나 마라나타의 두 번째 의미는 그리스도의 육화에 대해서 위뿐 아니라 바깥을 바라보는 것이다. 예수님은 이미 오셨다. 그분은 이미 여기 계시며, "온 세상에 나가서 모든 문화에서 제자를 삼으라"[26]는 지상명령의 성취에 '열중' 내지 '심취'(휴거와 같은 단어-역주)하라고 우리를 부르신다. "온 세상에 나가서 모든 피조물에게 복음을 전하라"[27]고 한 마가복음의 표현을 보면 '모든 문화'가 '모든 피조물'까지 아우름을 더 잘 알 수 있다. 예수님의 제자들은 온 세상 16,200개 종족 집단들 속에서 복음의 구현에 '열중하는' 성육신의 화신들이다.[28] 아직 복음이 들어가지 않은 종족 집단이 6,200개가 남아 있는 지금, 우리가 열중할 일은 많이 있다.[29]

위에서 오는 휴거도 있지만 아래에서 오는 휴거도 있다. 이것이 그리스도의 종말론적 '육화'의 두 번째 의미다. 에베소서에 보면 그리스도의 몸 된 교회는 '장성한' 분량에까지 자라야 하며, 우리의 참된 겸손을 측정하는 기준은 그리스도의 '장성한 분량'이라고 했다. 그리스어 원어를 보면, '그리스도의 장성한 분량'이라는 바울의 말과 삭개오의 '키가 작다'는 누가의 말에 똑같은 단어가 쓰였다. 교회는 단신(短身)으로 시작했지만, 우리가 세상에서 하나님의 사명에 열중하고 또 그분의 임재에 참예함으로 말미암아, 우리는 교회의 몸집을 그리스도의 장성한 분량으로 키울 수 있다.

예수님의 진리는 예수님이 사시던 문화 속에서는 장성한 분량에 이를 수 없었다. 그것도 한 이유로 해서 나는, 우리가 교회와 관련해서 사상 최고의 박진감 넘치는 시대에 살고 있다고 말하는 것이다. 키가 자라면서 이제 걸음마를 시작하는 중인 교회는 장래에 갑자기 뛰기 시작할 것이다. 그래서 교회의 미래는 지금처럼 전망과 기대로 가득했던 적이 없었다.

 예수님이 사람들 및 문화와 맺으신 관계를 보면 커다란 죄악들과 커다란 실패들에도 불구하고 애정, 인내심, 이해심이 특징을 이룬다. 일부다처제와 노예제도라는 두 가지 예만 생각해 보라. 예수님이 오신 세상은 노예제도 없는 삶은 생각할 수 없었다. 사실 고대 경제는 노예제도에 기초한 것이었다. 비슷하게, 고대 가정은 대부분 남편, 부인, 첩, 매춘부의 사각 구도였다. 그러나 예수님은, 다른 사람들을 어떻게 대하고 어떻게 생각해야 할지에 관한 우리의 마땅한 자세를 규정하심으로써, 노예제도와 일부다처제가 폐지되는 자리로 우리를 가차 없이 인도하셨다.[30]

 요즘의 병폐인 만연한 인종차별주의에 대해서 말해 보자. 나는 1899년에 처음 간행된 그림 동화 「꼬마 삼보 이야기」(*The Story of Little Black Sambo*, 계림닷컴 역간)를 읽으며 자란 마지막 세대('베이비부머')에 속한다. 그 책에 나오는 고정관념들이 지금은 섬뜩해 보이지만, 묘하게도 그 이야기는 대중 문학에서 흑인 영웅과 흑인의 긍정적 이미지를 찾기 힘들던 그 시대에 한 흑인 아이를 긍정적인 그림으로 그려내고자 쓴 것이다.

 또 예수님 이야기를 비유럽인 중심의 정황에서 말한 데렉 월코트(Derek Walcott)의 개혁 운동을 생각해 보라. 퓰리처상을 받은 이 시인은 당시 '흑백 튀기'로 통하던 혼혈인이었다. 월코트는 천주교가 주 종교인 카리브해 세인트루시아 섬의 캐스트리스(Castries)에 있는 어느 영어권 감리교회에서 자랐다(그의 어머니 앨릭스는 영어로 가르치는 감리교 학교의 교사였다). 시인으로서 월코트의 위력은 '현재 생존 중인 모든 시인 중에서 최고'라고 기술된 바 있다.³¹ 그의 친할아버지와 외할아버지는 둘 다 유럽인 혈통이었으나 그의 친할머니와 외할머니는 둘 다 아프리카인 혈통이었다. 1970년대 중반에 월코트는, 예수님에 관한 영화이되 예수님을 백인이 아닌 분으로 그릴 영화를 제작해 줄 사람을 물색했다. 그가 그 영화 제작에 끌어들일 수 있었던 유일한 사람은 러스 마이어(Russ Meyer)라는 덜 노골적인 포르노 제작자였다.

기독교는 절대로 단 하나의 언어나 단 하나의 문화로 다 이해될 수 없다. 모든 문화는 청각 장애가 있으며, 모든 문화는 '거울로 보는 것같이' 희미하게 본다.³² 그리고 모든 희미함은 각자의 고유한 것이다. 몸이 장성한 분량에 이르려면 몸의 모든 부분이 "각 마디를 통하여 도움을 입음으로 연락하고 상합하여 각 지체의 분량대로 역사"³³해야 한다. 동양 기독교와 서구 기독교의 분리는 교회가 너무나 오랫동안 '하나의 허파'로만 호흡해 왔다는 뜻이라고 한 교황 요한 바오로 2세의 인상적인 은유는 그래서 힘이 있다. 토머스 머튼(Thomas Merton)은 '두 허파'로 호흡하려고 애쓰다가 방콕에서 죽었다. 종교 지도자들의 목에 둘린 서구의 목깃을 풀어야 한다고 자신의 글들에서 주창했던 것처럼, 그는 동서양의 융화를 직접 탐색하던 중이었다. 자연과 정상(正常)에 대한 서구의 관념들은 동양의 시각들이 없이는 심각한 결손을 입고 축소된다.

미전도 종족인 칸데시, 아와디(바이스와리, 바겔리), 마가디 바하리(마고리) 같은 종족 집단들—모두 인도에 있다—에게 복음이 그들 고유의 말로 표현되기 전까지는 하나님 임재의 어떤 특정한 면들을 나는 절대로 경험할 수 없다. 그리스도의 몸이 장성한 분량에 이르려면 모든 문화 안에서 성육신이 일어나야 한다.³⁴ 이것은 모든 문화의 진리를 무차별하게 인정하거나 또는 다르다는 이유만으로 모든 문화를 예찬하는, 나태한 도덕적 상대주의가 단연코 아니다. 오히려 이것은 요한계시록에 묘사된 대로 새 예루살렘에 반영될 성육신적·선교적인 교회론이 분명하다. 그곳은 "각 나라와 족속과 백성과 방언에서…보좌 앞과 어린 양 앞에 서"는 곳이다.³⁵ 얼마나 멋진 인간 무지개가 되겠는가!

그리스도의 '몸'은 타문화를 품는 성육신에 꼭 맞는 은유다. 문화마다 몸들은 비교적 같지만, 그 몸들이 보이고 먹고 말하고 예배하는 방식은 다르다. "하나님의 이름을 망령되이 일컫는" 것은 욕을 하는 문제라기보다는 하나님의 참된 속성을 낮추고 떨어뜨리는 문제다. 일선에 나서서 토착 문화와 언어를 보호하지 않을 때 그리스도인들은 "하나님의 이름을 망령되이 일컫는" 것이다. 베오둑스 족(Beothuks, 지금은 멸종된 뉴펀들랜드의 원주민 부족) 같은 언어의 상실(해마다 언어가 64개씩 사라진다³⁶)과 문화의 상실은 그저 역기능적 선교 정도가 아니다. 그것들의 상실은 그리스도의 몸을 위축시키고 장애를 입혀, 장성한 분량에 이르지 못하게 한다.

'기독교화'를 '서구화'로 혼동할 때 그리스도인들은 하나님의 이름을 망령되이 일컫는 것이다. 안타깝게도, 기독교 국가들을 생각하면 우선 제국주의, 식민지주의, 물질만능주의, 소비자중심주의, 그리고 섹스부터 떠올리는 사람들이 세상에 너무 많다. 그것은 모든 '나'를 하나님의 성례로 전환시키는 성육신과는 정반대다. 하나님 임재의 메타내러티브는 모든 종족 집단을 덮을 하나의 국기(國旗)나 문화적 여과기가 아니라, 모든 부족과 시대 속으로 파고들어 스스로를 구현하는 영적

DNA다.³⁷

다시 말하지만, 기독교 메타내러티브의 이 부분은 그 부모의 연장(延長)이다. 하나님이 유대인들을 택하신 것은 그들이 잘나서 구별하시려는 것이 아니라 그들에게 기름을 부으셔서, 전 세계를 교구 삼아 제사장으로 섬기게 하시기 위함이었다. 이사야의 독창적인 통찰은 하나님이 모든 문화들 속에서, 심지어 이스라엘의 적들 가운데서도 이미 일하고 계심을 본 것이다.³⁸ 그는 "내가 또 너로 이방의 빛을 삼아 나의 구원을 베풀어서 땅 끝까지 이르게 하리라"³⁹고 표현했다. 사실 히브리 민족은 원래 전혀 종족 집단이 아니었다. 아브라함은 아시리아 문화나 야만인 문화 출신이었다. 하나님은 다양한 종족 집단들로부터 이스라엘을 형성하셨다.

예수님이 예루살렘이나 예루살렘 중심지를 그분의 본부로 삼지 않으신 것은 굉장히 의미심장한 일이다. 그분은 처음에 사역의 기지를 이방인들의 갈릴리에 두셨다. 그분의 첫 기적은 갈릴리 가나에서 있었고, 그분의 첫 설교는 나사렛에서 있었다.⁴⁰ 물론 예수님은 예루살렘을 간과하지 않으셨다. 그분은 제자들에게 예루살렘과 그 너머 '둘 다'에서 증인이 되라고 하셨다. 하지만 그분은 먼저 예루살렘에서 '제대로' 한 후에 땅 끝으로 나아가라고 하지는 않으셨다.⁴¹ 예수님은 제자들을 '이방을 비추는 빛'으로 부르셨다.⁴² 이방인이라는 말은 유태인 이외의 모든 종족 집단을 총칭하는 광범위한 말이다. 예수님은 "내가 너를 이방의 빛을 삼아 너로 땅 끝까지 구원하게 하리라"⁴³고 하셨다.

마란-아타는 마라-나타로 이어진다. '성육신의 화신'으로서 마란-아타 역할을 다하는 가운데 우리는 약속된 '마라-나타'에 참예하는 자가 된다. 하나님 임재의 희열이(분열이 아니라) 휴거로 이어진다. 우리는 그리스도께서 오실 그날을 앞당길 수 있는데,⁴⁴ 이는 몸집을 키우는 우리의 역할—그리스도의 몸이 장성한 분량에 이르도록 '각 족속과 방언과 백성과 나라'⁴⁵의 토착화된 복음을 한데 엮어 짜는 일—에 심취할 때 가능하다.

그리스도의 몸이 내려옴과 동시에 또한 올라가서 공중에서 만나 한 몸을 이루는 이 이중 종말론에 대해

> 이 천국 복음이 모든 민족에게 증거되기 위하여 온 세상에 전파되리니 그제야 끝이 오리라.
> —예수⁴⁶

서, 내가 가장 좋아하는 두 가지 이미지는 예술가들에게서 온 것이다. 한 예술가는 "별이 빛나는 밤에"라는 유명한 그림을 그린 빈센트 반 고흐다. 또 다른 예술가는 "성 요한의 계시록"이라는 명작을 남긴 밧모섬의 요한이다. 반 고흐는 '별이 빛나는 밤' 저편에 있는 사후의 삶에 대한 자신의 시각을, 기차를 타고 스페인으로 향하는 것과 불치병을 타고 별로 향하는 것을 비교하여 설명했다.

> 별들을 보면 나는 늘 꿈을 꾼다. 성읍과 마을을 나타내는 지도상의 까만 점들을 보며 꿈꾸는 것만큼이나 단순하다. 그러면서 나는 의문이 든다. 하늘의 반짝이는 점들도 프랑스 지도상의 까만 점들처럼 우리가 갈 수 있는 곳이 아니어야 할 까닭이 무엇인가? 기차를 타고 타라스콩이나 루앙으로 가는 것처럼 우리는 죽음을 타고 별로 간다. 이 추론에서 한 가지 틀림없는 사실은, 죽어서는 기차를 탈 수 없는 것만큼이나 살아서는 별에 갈 수 없다는 것이다. 그러므로 기선과 버스와 철도가 땅의 교통수단이듯이 내 생각에 콜레라와 요결석과

결핵과 암은 하늘의 교통수단일 수도 있을 것 같다. 늙어서 조용히 죽는 것은 그곳에 걸어서 가는 것이 되리라.[47]

"별이 빛나는 밤에"를 자세히 보면 이중의 '휴거'가 보인다. 하나는 위에서 내려오는 형태이고 또 하나는 땅에서 올라가는 형태인데, 그 둘이 함께 만나서 새로운 별이 된다.

이 이중의 휴거를 보여 주는 두 번째 그림은, 요한이 본 새 예루살렘의 환상에 대한 성경학자 토머스 슈미트의 설명이다. 그의 말은 더 좋게 고칠 수도 없고, 잊어서도 안 되며, 모든 다양성 성명에 각주(脚註) 이상의 자리를 차지할 가치가 있다.

우리가 요한계시록 본문에 기초하여 '예술가의 재구성'으로 [천국을] 그릴진대, 그 결과는 우리들 대부분이 동경하는 공원의 대가족 모임과는 거리가 멀 것이다. 대신 우리는 한 변이 2,200킬로미터로 입방체 모양을 한 새 예루살렘이라는 보석에 덮인 도시를 보게 될 것이다. 그러나 귀금속과 보석들, 12배수로 척량한 신묘하고 정확한 길이들은 미래 세대의 화가들을 위한 것이 아니다. 오히려 전체 묘사는 인간들이 문화로 이루어 낸 서투른 일을 가지고 하나님이 이루어 내신 연합, 공동체, 질서를 의미한다. 핵심은 장소를 묘사하는 것이 아니라 구속받은 인류를 서술하는 것이다. 다시 말해서 새 예루살렘은 사람들을 위한 장소가 아니라 장소로서의 사람들을 서술한 것이다.

이 상징주의의 환상적 특성은 현대의 청중에게는 이상할지 모르지만, 그 요지는 심오하고 경이롭다. 하나님은 종말에 문명이나 문화를 무효로 하신 채 우리들 각자를 별개의 동산으로 돌려보내시는 것이 아니다. 오히려 하나님은 완벽한 '도시'에 우리를 함께 모으심으로 문화를 완성하시며, 그 도시의 특징은 순결과 질서와 조화와 평화다. 물론 그것들은 우리가 지금 도시들을 벗어나서 추구하는 바로 그것들이다. 하지만 우리는 자기 자신을 벗어날 수는 없고, 동산으로 되돌아갈 수도 없다. 우리가 어디를 가든지 우리의 혼돈도 따라다닌다.[48]

주

감사의 말
1) 고린도후서 5:14.
2) 이 비유는 물론 사도행전 9:27과 출애굽기 27:8-13에서 온 것이다.

머리말: 삼박자 인생
1) 창세기 3:9.
2) 창세기 4:9.
3) Zygmund Bauman, *Liquid Love: On the Frailty of Human Bonds* (Malden, MA: Blackwell, 2003), 78.
4) 다니엘 6:10 참조.
5) 출애굽기 26:33 참조.
6) 창세기 18:1-2 참조.
7) 요나 1:17 참조.
8) Lorraine Kisly, *The Prayer of Fire: Experiencing the Lord's Prayer* (Brewster, MA: Paraclete, 2004), 39-40. "기도문 전체를 통해서 우리는 하나님께 행동하실 것을 구한다. 문법적으로 문구의 시제는 행동이 지금 이 순간 단호히 시행될 것을 요구하며, 그것도 긴박하게 구한다." Paraclete Press,

www.paracletepress.com의 허락을 받고 사용함.
9) 다음 기사에서 인용한 말. Eugene E. Lemicio, "Pirke 'Abot 1:2(3) and the Synoptic Redactions of the Commands to Love God and Neighbor," *Asbury Theological Journal* 43 (1988년 봄): 46.
10) 다음 기사에서 인용한 격언. William Vermeulen, "Quotes and Facts #1," *Current Thoughts and Trends*, 1994년 10월, 18.
11) 이 통계는 Insight on the News, 1994년 7월 11일, 23에서 온 것이다. 295, 734, 134라는 인구 숫자에 대해서는 *The World Factbook—Rank Order—Population*, 2005년 8월 9일, http://www.cia.gov/cia/publications/factbook/rankorder/2119rank.html을 참조하라(2005년 9월 2일 접속).
12) Robert Strand, 365 *Fascinating Facts about Jesus* (Green Forest, AR: New Leaf, 2000), #314.
13) Robert D. Dale, *Seeds for the Future: Growing Organic Leaders for Living Churches*(St. Louis, MO: Lake Hickory Resources, 2005), 11.
14) Henry David Thoreau, *Walden* (Boston: Houghton Mifflin, 1882), 152. 「월든」(이레).
15) 사도행전 26:9.
16) 창세기 6:3, 신명기 34:7 참조.
17) Elizabeth A. Dreyer는 다음 글에서 Rolheiser와 Brueggemann의 이 두 인용구를 하나로 연결시켰다. "Jesus as Bridegroom and Lover: Critical Retrieval of a Medieval Metaphor," *Who Do You Say That I Am? Confessing the Mystery of Christ*, John C. Cavadini와 Laura Holt 편집 (Notre Dame, IN: University of Notre Dame Press, 2004), 224.

1. 삶과 생활양식의 차이

이번 장의 제사(題詞)는 다음 기사에서 인용한 것이다. Bernardo Olivera, "Maturity and Generation: The Spirituality of Our Young People," *Spiritus: A Journal of Christian Spirituality* 3 (2003년 봄): 44, 38-51.
1) William Van Dusen Wishard는 자신의 저서에서 그것을 '두 시대의 사이'라고 부른다[*Between Two Ages: The 21st Century and the Crisis of Meaning* (U.S.A.: XLibris, 2000; 개정판 2003)]. 나는 그것을 거의 10년 전에 *SoulTsunami: Sink or Swim in New Millennium Culture* (Grand Rapids, MI: Zondervan, 1999)에서 '영적 해일'(SoulTsunami)로, 그리고 그 전에

FaithQuakes(Nashville : Abingdon, 1994)에서 '믿음의 지진'(FaithQuakes) 으로 부른 바 있다.

2) Philip Larkin, "Annus Mirabilis," *Collected Poems*, Anthony Thwaite 편집 (New York : Farrar, Straus, and Giroux, 1989), 167. 나는 늘 1962년을 분기점 연도로 꼽았다. 다음 책을 참조하라. Leonard Sweet, *Carpe Mañana : Is Your Church Ready to Seize Tomorrow?*(Grand Rapids, MI : Zondervan, 2001), 14. 「미래 크리스천」(좋은 씨앗).

3) John McWhorter, *Doing Our Own Thing : The Degradation of Language and Music and Why We Should, Like, Care*(New York : Gotham, 2004), 183. 그는 1965년을 대중문화와 보행자(그가 경멸하는)의 승리의 결정적 순간으로 꼽는다.

4) "An Interview with Margaret Avison," *Image : A Journal of Arts and Religion* 45 (2005년 봄) : 76.

5) WorldTrends Research 대표 William Van Dusan Wishard, "Understanding Our Moment in History : Living Bewteen Two Ages," *Vital Speeches of the Day* 71 (2005년 5월 1일), 442.

6) "지금 우리는 전 세계 종교 역사에서 일대 변화의 순간들 중의 하나를 살고 있다." Philip Jenkins는 *The Next Christendom : The Coming of Global Christianity*(New York : Oxford University Press, 2002), 1에서 그렇게 주장한다. 방향 전환 또는 동향(東向) 회복이라는 말의 중요성에 대해서는 Leonard Sweet, *Out of the Question … Into the Mystery : Getting Lost in the GodLife Relationship*(Colorado Springs, CO : WaterBrook, 2004), 8-10을 참조하라. 「의문을 벗고 신비 속으로」(IVP).

7) Rachel Zoll, "Religion : Evangelical Faiths, Mormon Church Grow Rapidly ; Survey : Membership of Liberal Protestant Denominations Declined in the Past Decade, National Study Finds," *Los Angeles Times*, 2002년 9월 21일, B21. 1992년에서 2002년 사이에 장로교회(PCUSA 교단)의 교인 수는 11.6퍼센트 감소했는데, 이는 교인 수가 14.8퍼센트 감소한 그리스도 연합교회에 이어 두 번째로 높은 것이다.

8) William Jefferson Clinton, "The Struggle for the Soul of the Twenty-First Century," *NPQ : New Perspectives Quarterly* 19 (2002년 봄) : 30.

9) David Sheff, *China Dawn : The Story of a Technology and Business Revolution*(New York : HarperBusiness, 2002), 263.

10) Steve Rosenbush, Catherine Yang, Ronald Grover, Moon Ihlwan, Andy Reinhardt, "Broadband: What's the Holdup?" *Business Week*, 2004년 3월 1일, 38-39.

11) Louise Witt, "2004: A Year of Portentous Change," *American Demographics* 25 (2003년 12월): 38.

12) John Fetto and Rebecca Gardyn, "You *CAN* Take It with You," *American Demographics*, 2002년 2월, 10. "2001년 10월 국제재택근무협회(International Telework Association and Council, ITAC)에서 발표한 AT&T 후원의 한 조사에 따르면, 전통적 사무실을 떠나서 일하는 사람들의 절대 다수는 자신의 업무에 아주 만족하고 있고, 생산성도 더 높고, 회사에 더할 나위 없이 충성하고 있다고 보고했다."

13) Gordan Therborn, *Between Sex and Power: Family in the World* 1900-2000 (New York: Routledge, 2004), 166. 1960년도와 2000년도의 이 두 수치는 각각 20세기의 최고 비율과 최저 비율이다.

14) 미주리 주 Bolivar에 있는 Church Growth Today와 Megachurch Research Center의 창설자인 John Vaughn (jv@churchgrowthtoday.com, www.churchgrowthtoday.com)의 말로 다음 글에 인용된 것이다. "Black Megachurches' Mega-Outreach," ReligionLink: Resources for Reporters, 2004년 9월 8일, http://www.religionlink.org/tip_040908b.php (2005년 8월 2일 접속).

15) Eudora Welty, "Place in Fiction," *Welty: Stories, Essays and Memoir*, Richard Ford and Michael Kreyling 편집 (New York: Literary Classics, 1998), 792.

16) '가입'(join)과 '동참'(join in)의 이 구분에 대해서는 George Wilkie에게 감사를 표한다. 그의 책 *Twelve Fragments: Thoughts for Today's Christian* (Edinburgh: Scottish Christian Press, 2005), 25에 나온다.

17) Gordon William Prange, *At Dawn We Slept: The Untold Story of Pearl Harbor* (New York: McGrow-Hill, 1981).

18) Anthony Thwaite, "Archaeology," *A Move in the Weather: Poems 1994-2002* (London: Enitharmon, 2003), 18.

19) 우리의 만연한 다신교에 관한 더 자세한 내용은 다음 책을 참조하라. Nicholas Lash, *Holiness, Speech and Silence: Reflections on the Question of God* (Burlington, VT: Ashgate, 2004), 10.

20) "세계화의 위기들은…물질-쾌락적 권력 앞에서 정치력의 약화와 경제에 대한 사회적 통제의 상실이 불러온…위기들이다. 크로이소스(돈)와 헤도네(쾌락)의 이 연합 속에서 세계 문화는 하나의 패션쇼, 대형 화면, 요란한 입체음, 번질번질한 4색 종이로 만든 실존이 된다. 그것은 우리를 C. Wright Mills가 말한 '즐거운 로봇들'로 탈바꿈시킨다." Carlos Fuentes, *This I Believe: An A to Z of a Life*(New York: Random House, 2005), 112.
21) 오늘날 두 가지 지배적인 형태의 '권력'은 부와 명예다.
22) Michael McClure, "The Beard," *Evergreen Review Reader*, 1967-1973, Barney Rosset 편집(New York: Four Walls Eight Windows, 1998), 52.
23) 포스트모더니즘은 다른 모든 세계관에 대한 시각과 마찬가지로 '과학적 방법'도 수상쩍게 보는 경향이 있거니와, 그 성향이 Dick Taverne이 말하는 *The March of Unreason: Science, Democracy and the New Fundamentalism*(New York: Oxford University Press, 2005)에 힘을 실어 준 것은 사실이다.
24) Robert Dale은 방송 용어인 이 '이미 진행 중'(already in progress)이라는 말을 자신의 책 *Seeds for the Future: Growing Organic Leaders for Living Churches*(St. Louis, MO: Lake Hickory Resources, 2005년 11월)에 장 제목으로 썼는데, 나는 그것이 아주 마음에 든다.
25) 신명기 32:7.
26) Doris Betts가 노스캐롤라이나 대학에서 한 2004년 E. M. Adams 강연 "The Durable Hunger"에서 인용한 말. *Image: A Journal of Arts and Religion* 45(2005년 봄): 95에 수록되었다.

2. 죽음의 양식이 되어 버린 생활양식

이번 장의 제사는 *Einstein Quotes*, http://www.heartquotes.net/Einstein.html에서 온 것이다(2005년 8월 11일 접속). Alice Calaprice 편집, *The Expanded Quotable Einstein* (Princeton, NJ: Princeton University Press, 2000), 318에 보면, 아인슈타인의 말로 알려진 이 인용문이 아마도 그의 말이 아닐 거라고 되어 있다.
1) G. W. Little Lifestyles for the Little Dog 카탈로그에서 인용한 말. http://www.gwlittle.com/search.php?sniff=Fashion%20Club (2005년 4월 7일 접속).
2) Kevin Liles의 말로 Jason Ankeny, "Falling on Def Ears," *Wireless Review*,

2004년 10월 1일, http://wirelessreview.com/mag/wireless_falling_def_ears/에 인용되어 있다(2005년 4월 7일 접속).

3) Bellagio Hotel and Casino—Communications, "새 단장과 치료 요법들로 다시 개장하는 수상 경력의 사우나와 살롱," 기자회견, Las Vegas, Nevada, 2002년 12월 20일, http://www.bellagio.com/pages/about_press_pressrelease.asp?PressID=104 (2005년 8월 4일 접속).

4) James Gustave Speth, *Red Sky at Morning: America and the Crisis of the Global Environment* (New Haven, CT: Yale University Press, 2004), 125. 나는 Tom Bandy도 같은 내용으로 말하던 것을 기억한다.

5) 이제 일부 의료 전문인들은, 갈수록 수가 늘면서 사람들을 괴롭히는 심리 질환들과 신체 질환들의 원인을 바이러스나 오염물질로 돌리지 않고, 우리의 독성 생활양식으로 돌리고 있다. 그것이 우리의 건강을 위협하게 된 것이다.

6) Jeremy Cherfas, *The Hunting of the Whale: A Tragedy that Must End* (London: Penguin, 1981), 11.

7) 나는 이것을 Doris Betts, "The Durable Hunger," *Image: A Journal of Arts and Religion* 45 (2005년 봄): 97을 보고 알았다.

8) 고린도전서 15:58.

9) 이 문구는 "오! 나는 땅의 고약한 굴레들을 벗었다"로 시작되는 John Gillespie Magee Jr.(1922-1941), "High Flight"에서 온 것으로, 다음 자료에 인용되어 있다. *Pilot Officer John G. Magee Jr.—US Air Force Museum—Pre-WWII History Collection*, http://www.wpafb.af.mil/museum/history/prewwii/jgm.htm (2005년 9월 2일 접속). Dave English, *Slipping the Surly Bonds: Great Quotations on Flight* (New York: McGraw Hill, 1998), 2에도 인용되어 있다.

10) 다음 기사에 인용된 말. Siddhartha Deb, "A House Without a Doorstep," *TLS: Times Literary Supplement*, 2005년 4월 15일, 19.

11) 동일한 의문을 제기하는 또 다른 사람으로는 다음 책을 참조하라. Nicholas Lash, *Holiness, Speech and Silence: Reflections on the Question of God* (Burlington, VT: Ashgate, 2004), 9.

12) 노랫말은 Rushdie의 소설 *The Ground Beneath Her Feet* (New York: Henry Holt, 1999)에서 땄고 곡은 Bono가 썼다. Salman Rushdie, *Step Across This Line: Collected Nonfiction 1992-2002* (New York: Random House, 2002), 96.

13) 그의 최신작 평론집 *Step Across This Line: Collected Nonfiction 1992-2002* (New York: Random House, 2002)를 참조하라. 아울러 Shikha Dalmia가 그를 인터뷰한 기사인 "The Iconoclast," *Reason*, 2005년 8월, 23-28도 참조하라.
14) Christopher Booker, *The Seven Basic Plots: Why We Tell Stories* (New York: Continuum, 2005)를 참조하라. 그는 괴물 퇴치, 가난뱅이가 부자 되기, 추구, 여정과 귀환, 희극, 비극, 부활 등 7가지 구성만 존재한다고 주장한다(21-213). 그는 또 "절대자에 대한 반항[예컨대 1984와 *Brave New World* (494-503)]과 추리물[현대 세계에서 가장 인기 있는 이야기 형태의 하나 (505-515)]"이라는 두 가지 다른 구성 형태도 인정한다.
15) Lash, *Holiness, Speech and Silence*, 29. 그에게 있어서, "모든 것에 대한 기독교의 이야기"는 "하나님이 선물이시되 곧 세상을 세우시고 생기를 주시는 선물 자체가 되신다는 이야기"다(43).
16) Lash, *Holiness, Speech and Silence*, 31.
17) Jacques Dupuis, *Toward a Christian Theology of Religious Pluralism* (Maryknoll, NY: Orbis, 1997), 299.
18) Adin Steinsaltz, *On Being Free*, Arthur Kurzweil 편집 (Northvale, NJ: Jason Aronson, 1995), 194.
19) 세계화라는 주제에 대한 탁월한 입문으로는 다음 글을 참조하라. David Held and Anthony McGrew, "The Great Globalization Debate: An Introduction," *The Global Transformations Reader: An Introduction to the Globalization Debate* (Malden, MA: Polity, 2000), 1-45.
20) Roland Robertson은 미국 교회들을 'globalphobic'이라고 부른다. 다음 글에 인용된 말. Tim Dearborn, "A Global Future for Local Churches," *The Local Church in a Global Era: Reflections for a New Century*, Max L. Stackhouse, Tim Dearborn, and Scott Paeth 편집 (Grand Rapids, MI: Eerdmans, 2000), 209.
21) Pierre Teilhard de Chardin, *Activation of Energy* (New York: Harcourt Brace Jovanovich, 1970), 239. 이 참고문헌에 대해서는 Georgetown University의 명예 연구교수인 John F. Haught에게 감사를 표한다.
22) 에베소서 1:18.
23) 일례로 로마서 1:15, "나는 할 수 있는 대로 로마에 있는 너희에게도 복음 전하기를 원하노라"를 참조하라.

24) 사도행전 9:6.
25) Tom Paulin, "Nostalgia for the Future?" *The Invasion Handbook* (London: Faber and Faber, 2002), 133.
26) Miroslav Volf, "Love's Memory: The Role of Memory in Contemporary Culture," Princeton Theological Seminary Institute for Youth Ministry, 2002, 61, http://www.ptsem.edu/iym/research/lectures/download/2002/1volf.pdf (2005년 1월 17일 접속).
27) 다음 책에 인용된 내용. Hal Niedzviecki, *Hello, I'm Special: How Individuality Became the New Conformity* (Toronto: Penguin Canada, 2004), 147-148.
28) 마태복음 18:10.
29) 로댕의 '생각하는 사람'을 암시한 것이다.
30) Thomas E. Schmidt, *A Scandalous Beauty: The Artistry of God and the Way of the Cross* (Grand Rapids, MI: Brazos, 2002), 8.
31) Calaprice, *The Expanded Quotable Einstein*, 319에 보면, 아인슈타인의 말로 알려진 이 인용문이 아마도 그의 말이 아닐 거라고 되어 있다.
32) Wendell Berry, *Life Is a Miracle: An Essay Against Modern Superstition* (Washington DC: Counterpoint, 2000), 45.
33) 사도행전 17:30.
34) 요한복음 3:16.
35) 시편 91편.

3. 생명을 낳는 임재

1) 누가복음 11:2(개역개정).
2) Bruce Chilton, "Regnum Dei Deus Est," *Scottish Journal of Theology* 31 (1978): 261, 267, 270. 다음 책도 참조하라. Bruce Chilton, *Pure Kingdom: Jesus' Vision of God* (Grand Rapids, MI: Eerdmans, 1996), ix, 11-15.
3) 누가복음 16:16.
4) 이것은 *The Da Vince Code*의 '황당한 성공'에 대한 Bernard Hamilton의 탁월한 기사에 나오는 통찰들 가운데 하나다. "Puzzling Success," *TLS: Times Literary Supplement*, 2005년 6월 10일, 20-21.
5) Umberto Eco, *Foucault's Pendulum*, William Weaver 번역 (San Diego, CA: Harcourt Brace Jovanovich, 1988), 620. 「푸코의 진자」(열린책들).

6) 마태복음 6:33.
7) 마태복음 6:10(개역개정).
8) 요한복음 6:15.
9) 누가복음 12:32.
10) 마태복음 4:17—"천국이 가까웠느니라." 누가복음 10:9—"하나님의 나라가 너희에게 가까이 왔다." 마가복음 12:34—"네가 하나님의 나라에 멀지 않도다."
11) 이 '철통같이 요새화된 자아의 나라'에 관한 더 자세한 내용은 다음 책을 참조하라. Rick Barger, *A New and Right Spirit: Creating an Authentic Church in a Consumer Culture* (Herndon, VA: Alban Institute, 2005), 22.
12) 다음 기사에 인용된 말. P. J. Kavanagh, "Bywords," *TLS: Times Literary Supplement*, 1999년 6월 4일, 16.
13) Hillel Zeitlin은 "많은 종교들에, 책 또는 교리가 천국에서 온다는 개념이 있다. 그러나 우리 유대교인들은 토라 자체가 천국이라고 믿는다"라고 말했다. 다음 책에 인용된 말. Adin Steinsaltz, *On Being Free*, Arthur Kurzweil 편집 (Northvale, NJ: Jason Aronson, 1995), 192.
14) 마태복음 28:20.
15) 요한복음 14:6.
16) 누가복음 17:20-21.
17) 데살로니가후서 1:9 참조.
18) 신명기 30:12-14.
19) 시편 91:1, MSG.
20) 시편 16:11.
21) William Blake, "On Another's Sorrow," *The Poetical Works of William Blake*, John Sampson 편집 (London: Oxford University Press, 1913), 78.
22) Joel S. Goldsmith, *Practicing the Presence*(London: Fowler, 1958), 9-10.
23) 예컨대 Goldsmith, *Practicing the Presence*, 12-17을 참조하라. 아울러 다음 책들도 참조하라. Daivd R. Mains 편집, *The Bible for Personal Revival: Practicing the Presence of Jesus* (Grand Rapids, MI: Zondervan, 1998). Mike Mason, *Practicing the Presence of People: How We Learn to Love* (Colorado Springs, CO: WaterBrook, 1999). Kerry S. Walters, *Practicing Presence: The Spirituality of Caring in Everyday Life* (Franklin, WI:

Sheed and Ward, 2001). 그리고―제목이 단연 압권이다―Deborah G. Whitehouse and C. Alan Anderson, *Practicing the Presence of God for Practical Purposes*(Bloomington, IN: 1st Books, 2000).

24) 고린도후서 4:10.
25) 요한복음 15:7.
26) 베드로전서 1:23, NKJV.
27) 요한일서 2:14.
28) John Knipper, "How to Say 'I Love You' in Different Languages," http://www.galactic-guide.com/articles/2R95.html에 감사를 표한다 (2005년 4월 7일 접속).

4. '나는': 새로운 정체성

1) Jack Parr, *P. S. Jack Parr*(Garden City, NY: Doubleday, 1983), 22. 다음 글에 인용된 말. Leonard Sweet, "The Monsters We're All Afraid Of," *PreachingPlus*, 2001년 10월 28일.
2) 내가 사학자(史學者)로서 받은 최고의 훈련 중에는 글쓰기에 일인칭 단수를 쓰지 말라는 것도 있었다. 공동체에 대한 담론이 그렇게 많음에도 불구하고, 'I'는 영성 문서들에 무소부재하며, 새로 생겨나는 교회들의 경우도 마찬가지다.
3) Joel S. Goldsmith, *Practicing the Presence*(London: Fowler, 1958), 54-55.
4) 다음 책에 인용된 말. Carlos Fuentes, *This I Believe: An A to Z of a Life* (New York: Random House, 2005), 303.
5) Richard Sennett, *The Corrosion of Character: The Personal Consequences of Work in the New Capitalism*(New York: Norton, 1998), 136-148.
6) 다양한 번역에 대해서는 다음 책을 참조하라. Ludwig Wittgenstein, *Culture and Value*, G. H. von Wright and Heikki 편집, Peter Winch 번역 (Chicago: University of Chicago Press, 1984), 45e, 46e.
7) 미국 남북전쟁 때 북부군의 시체는 대개 개인 무덤에 매장되었으나 남부군 병사들은 대부분 단체로 합장되었다. 남부군 사망자들의 유해가 묻힌 합장묘가 Shiloh에 5개가 넘는다. 그러나 개인 무덤의 전통이 표준이 된 것은 일차대전 이후부터였다.
8) Gregory H. Hemingway, *Papa: A Personal Memoir*(Boston: Houghton Mifflin, 1976), 93.

9) Lynn Revell, "The Return of the Sacred," *Marxism, Mysticism and Modern Theory*, Suke Wolton 편집(London: Macmillan, 1996), 130.

10) Ken Blanchard and Phil Hodges, *The Servant Leader: Transforming Your Heart, Head, Hands, and Habits*(Nashville: J. Countryman, 2003), 26. 「섬기는 리더 예수」(21세기북스).

11) Euclid O. Smith는 이 경악할 통계를 다음 책에 인용하고 있다. *When Culture and Biology Collide: Why We Are Stressed, Depressed and Self-Obsessed*(New Brunswick, NJ: Rutgers University Press, 2002), 93.

12) 주인을 닮은 개들의 사진을 본 적이 있는가? 사실이다. 우리는 개를 고를 때도, '중요한 건 나'다. 자신을 닮은 애완동물을 고르는 것이다. 그 이유를 우리가 어딘지 자기와 비슷해 보이는 사람들을 신뢰하기 때문이라고 보는 사람들도 있다. 외모가 닮았다는 것은 유전적인 친척 관계라는 표시이고, 우리는 낯선 사람보다는 '친척'을 더 신뢰할 수 있다는 것이다. 이에 관한 더 자세한 내용은 다음 기사를 참조하라. Christina Payne and Klaus Jaffe, "Self Seeks Like: Many Humans Choose Their Dog-Pets Following Rules Used for Assortive Mating," *Journal of Ethnology* 23 (2005): 15-18, http://atta.labb.usb.ve/Klaus/Dog%20pet%20selection.pdf, 2(2005년 4월 13일 접속).

13) David Shibley, *The Missions Addiction: Capturing God's Passion for the World*(Lake Mary, FL: Charisma House, 2001), 30.

14) Austin Farrer, "Grace and Resurrection," Austin Farrer: The Essential Sermons, Leslie Houlden 편집(Cambridge, MA: Cowley, 1991), 137.

15) Pope John Paul II, "General Audience, Wednesday, 9 September 1998," http://www.vatican.va/holy_father/john_paul_ii/audiences/1998/documents/hf_jp-ii_aud_09091998.en.html (2005년 9월 20일 접속).

16) 이 무명 기도의 한 버전이 다음 글에까지 등장하고 있다. "York Community Church Prayers," York, England, http://www.yorkcommunitychurch.co.uk/prayers.html (2005년 8월 4일 접속). 이 기도의 원전을 확인해 줄 수 있는 독자가 있다면 WaterBrook Press, 12265 Oracle Boulevard, Suite 200, Colorado Springs, Colorado 80921로 보내 주기 바란다. 이 책의 다음 판에 그 출처를 밝히고자 한다.

17) Anne Lamott가 날마다 하는 '두 가지 최고의 기도'로 *Traveling Mercies: Some Thoughts on Faith*(New York: Pantheon, 1999), 82에 나오는 "나를

도와주세요, 나를 도와주세요, 나를 도와주세요"와 "감사합니다, 감사합니다, 감사합니다"를, Lamott가 나중에 추가했고 John M. Buchanan의 설교 "Reverence," 2004년 2월 8일, Fourth Presbyterian Church, Chicago, Illinois, http://www.fourthchurch.org/020804sermon.html (2005년 8월 8일 접속)에 인용된 세 번째 기도인 "와!"와 비교해 보라.

18) Louis Jacobs, "Ethics 2," *Jewish Preaching: Homilies and Sermons* (Portland, OR: Vallentine Mitchell, 2004), 217.

19) 멕시코 소설가 Carlos Fuentes가 1999년 죽기 직전에 쓴 말로, "어쩌면 '나'는 가장 명예로운 대명사는 아닐지 모른다. 그러나 '나'에서 나오거나 '나'로 향하지 않는 '너'는 없으며, 또한 '우리'에게서 유리될 수 있는 '너'와 '나'도 없다. 그러나 동시에, 위험한 정치적 공염불이 되지 않으면서도 '나'와 '너'를 그 위험한 공동체에서 몰아내는 '우리'가 과연 있을 수 있을까?" *This I Believe: An A to Z of a Life*(New York: Random House, 2005), 304.

20) Mishnah (Sanhedrin 4:5b). 예컨대 다음 책을 참조하라. *Tractate Sanhedrin: Mishnah and Tosefta: The Judicial Procedure of the Jews as Codified towards the End of the Second Century A.D.*, Herbert Danby 번역(New York: Macmillan, 1919), 79.

21) 다음 책에 실린 Zygmunt Bauman의 서문을 참조하라. Ulrich Beck and Elisabeth Beck-Gernsheim, *Individualization: Institutionalized Individualism and Its Social and Political Consequences* (Thousand Oaks, CA: Sage, 2002), xv.

22) 이 문구를 나는 다음 책에서 처음 접했다. Paul Leinberger and Bruce Tucker, *The New Individualists: The Generation After "The Organization Man"* (New York: HarperCollins, 1991), 232-233.

23) John Brewer, "Ego in the Arcades," *TLS: Times Literary Supplement*, 2004년 10월 22일, 3-4.

24) 스스로 정체성을 만들어 내야 하기에 우리는 여러 모로 '혼자 힘'이 된다. 현대 세계의 소통이란 것이 고작해야 Edward Hopper(20세기 미국 사실주의 화가—역주) 그림 속의 인물들처럼 서로 고립되고 별리된 것이라서, 우리들 셋 중 하나는 하룻저녁도 이웃과 함께 보낸 적이 없음을 고백할 정도다. 미국인 2천5백만 명이 인생 행로의 어느 시점에 '자활 그룹'이라는 모순어법적 현상에 참여하는 이유는 사회적 영양실조로 설명된다. (다 우리 스스로 자초한 문제인데 어떻게 자활로 빠져나오기를 바랄 수 있단 말인가?) University

of Texas at Austin의 연구진이 실시한 연구로 다음 기사에 보고되어 있다. John Fetto, "Lean on Me: Use of Self-Help Groups," *American Demographics*, 2000년 12월, 16, http://domographics.com/ (2001년 1월 26일 접속).

25) 물론 이 말은, 미래에는 모든 사람이 15분의 명성을 얻을 것이라 한 Andy Warhol의 금언을 고쳐 쓴 것이다. 다음 책에 인용된 말. Hal Niedzviecki, *Hello, I'm Special: How Individuality Became The New Conformity* (Toronto: Penguin Canada, 2004), 27.

26) 당신의 신분을 훔치려는 전략들은 원시적인 방법(우편물 가로채기나 훔치기, 어깨 너머로 기웃거리기, 쓰레기통 뒤지기)에서부터 하이테크[피싱(phishing, 금융기관 등을 사칭하여 개인의 인증번호나 계좌정보 등을 빼내는 수법—역주), 파밍(pharming, 정당한 웹 주소를 입력해도 위장 사이트로 연결되게 하는 수법—역주), 키로깅(keylogging, 사용자가 자판에 입력하는 내용이 유출되게 하는 수법—역주), 소셜 엔지니어링(social engineering, 기술적이기보다는 사람들을 조종하여 기밀 정보를 빼내는 관계적인 사기 수법의 총칭—역주)]에 이르기까지 다양하다. 그러나 어떤 방법이 사용되든 신분 도용은 당신의 삶에 최악의 악몽 중 하나다. 그 결과로 당신은 재정적 손실을 입고, 신용 등급이 나빠지고, 피해를 원상복귀하기 위해서 막대한 시간을 전화 통화에 바쳐야 한다.

27) Benedict Carey, "Who's Mentally Ill? Deciding Is Often All in the Mind," *New York Times*, 2005년 6월 12일, Sec. 4,16.

28) Fuentes, *This I Believe*, 44.

29) 조립식 나에 묶종하면 아주 많은 '정체성 문제'가 생기고 끊임없는 '정체성 확인'이 필요해지는데, 문화가 즐거이 그것을 제공한다(물론 돈을 받고). 캐나다의 소설가이자 소설 편집자 Hal Niedzviecki가 이런 현상을 잘 묘사했다. "내 옆에 선 사람이 얼마나 특별할 수 있을지를 확인하는 독특성 테스트나 기타 결정적인 방법이 전혀 없다 보니, 우리들 대부분은 자신의 개성에 대한 의식을 투사해 줄 수 있는 기존의 정해진 기호들과 상징들에 의지한다. 본질상, 자신이 특별한 개인임을 보이려는 지속적 목적으로, 우리는 직장 동료들과 친구들로 시작해서 길 가다 지나치는 사람들에게 이르기까지 그 모든 사람에 비해 내가 독특하다는 의식을 최소한 일부라도 전해 줄 수 있는 딱 한 번뿐인 한정판 수공 제품들과 경연대회들과 행사들의 끝없는 공급을 요구한다." *Hello, I'm Special*, 19.

이와 같은 맥락에서 Stanley Kubrick의 지난 번 영화 제목은 *Eyes Wide Shut*이었다. 시작 장면에서 우리는 의사 남편과 아내 사이에서 "여보, 내 지갑 보았소?"와 "나 어때 보여요?"라는 두 질문을 듣게 된다. *Eyes Wide Shut* [비디오리코딩], Stanley Kubrick and Frederick Raphael 각본(Burbank, CA: Warner Home Video, 1999).

30) 고린도전서 3:16, "너희가 하나님의 성전인 것[을]… 알지 못하느뇨"를 저자가 풀어 쓴 것이다.

31) 문화 비평가 Virginia Postrel은 단지 '충분한' 정도가 아니라 '극대화'를 가져다주는 선택을 옹호하면서 이렇게 역설한다. "우리에게 자신의 삶을 통제할 자유가 더 많을수록 그 결과에 대한 우리의 책임도 더 커진다. 억제의 세상에서는, 주어진 것으로 행복해지는 법을 배우는 것이 덕이다. 선택의 세상에서는, 덕은 후회 없이 헌신하는 법을 배우는 데서 온다. 그리고 헌신은 다시 자신감과 자기를 아는 지식을 요한다." "Consumer Vertigo," *Reason*, 2005년 6월, 54.

32) Kwame Anthony Appiah, *The Ethics of Identity*(Princeton, NJ: Princeton University Press, 2005), 35.

33) 말할 것도 없이 이것은 영어에만 해당된다.

34) 갈라디아서 2:20.

35) 마태복음 10:29, 31과 누가복음 12:6 참조.

36) 마가복음 3:33. 마태복음 12:48 참조.

37) 누가복음 9:62.

38) 누가복음 9:60.

39) 마태복음 10:35.

40) 누가복음 12:49.

41) Edwin Friedman, "Leadership Through Self-Differentation, A Series of Talks Presented by the Seven Oaks Foundation," *Dr. Friedman Speaks*, 오디오카세트 (Silver Spring, MD: Seven Oaks Foundation, 1980-1989). 다음 웹사이트에서 강연 원고를 구할 수 있다. Family System II, http://www.clt.astate.edu/dwcox/family_system_ii.htm (2005년 8월 11일 접속).

42) 모든 인간에게는 분리된 자아의식이 필요하며, 이 의식의 허리띠가 없으면 우리는 피 흘려 죽는다. 러시아 소설가 Vladimir Nabokov는 '분리'를 생명 자체를 구성하는 하나의 특성으로 보았다. "피부막이 우리를 감싸지 않으면

우리는 죽는다. 인간은 주변과 분리되어 있는 만큼만 존재한다. 두개골은 우주 여행자의 헬멧이다. 외계와 섞이는 것도 멋있을지 모르지만 그렇게 되면 여린 자아는 끝난다." 다음 책에 인용된 말. C. D. C. Reeve, *Love's Confusions*(Cambridge, MA: Harvard University Press, 2005), 8.

43) Richard Foster, *Prayer: Finding the Heart's True Home*, 159-160. 「리처드 포스터의 기도」(두란노). 개념은 John Dalrymple의 글에 기초한 것이지만, 부차적인 인용문들만 그의 책 *Simple Prayer*(Wilmington, DE: Michael Glazier, 1984), 109-110에서 온 것이다. 아울러 Leonard Sweet, *Jesus Drives Me Crazy*(Grand Rapids, MI: Zondervan, 2003), 111-112도 참조하라. 「나를 미치게 하는 예수」(IVP).

44) Søren Kierkegaard, *The Sickness Unto Death: A Christian Psychological Exposition for Upbuilding and Awakening*, Howard V. Hong and Edna H. Hong 편집 (Princeton, NJ: Princeton University Press, 1980), 30. 「죽음에 이르는 병」(범우사).

45) London School of Economics의 사회학자 David Martin, "Loss and Realization of Life," *Christian Language in the Secular City*(Burlington, VT: Ashgate, 2002), 91.

46) Frank Furedi, *Therapy Culture: Cultivating Vulnerability in an Uncertain Age* (New York: Routledge, 2004), 153. London School of Economics의 Nicholas Emler 교수의 인용문은 158면에 나온다.

47) Erich Fromm은 오래 전부터 이것을 처음으로 지적한 사람들 중 하나였다. *To Have Or To Be?*(New York: Harper and Row, 1976), 21. 「소유냐 존재냐」(까치).

48) 최초의 정신질환 진단 규범은 1952년에 간행되었는데 그때는 장애가 60가지였다. 지금은 300가지 장애가 열거, 규정되어 있다. 도벽에서 수면 과잉, 경계성 성격 장애에 이르기까지 다양하다. Carey, "Who's Mentally Ill?"을 참조하라. University of Leicester의 심리학자들은 명사 숭배 증후군(CWS)을 구별했는데, 이는 세 사람 중 한 명꼴로 조금씩 영향을 입고 있는 강박적 중독 행동이며, '심각한 임상적 이슈'가 될 수도 있다. 이에 관한 더 자세한 내용은 다음 기사를 참조하라. John Maltby, James Houran and Lynn E. McCuteheon, "A Clinical Interpretation of Attitudes and Behaviors Associated with Celebrity Worship," *Journal of Nervous and Mental Disease* 191 (2003년 1월): 25-29.

49) Ingmar Bergman은 예술가들과 영화 제작자들이 자아에 정신이 팔린 작금의 현상을 정확히 이런 이유로, 정확히 이런 말로 단죄했다. "오늘날 개인은 지고한 형태이자 지대한 파멸의 예술적 창작물이 되었다. 자존심에 조금만 상처나 고통이 생겨도 마치 영원히 중대한 일인 양 현미경 검사를 한다. 예술가는 자신의 고립, 주관성, 개인주의를 거의 거룩하게 여긴다. 그래서 우리는 결국 하나의 거대한 우리(pen)에 모여서, 서로의 말을 듣지도 않고 우리가 서로를 질식사시키고 있다는 것도 깨닫지 못한 채, 거기 서서 자신의 외로움에 대하여 푸념을 해댄다. 개인주의자들은 서로의 눈을 빤히 보면서도 서로의 존재는 부정한다. 원을 그리며 돌면서, 우리는 자신의 불안 때문에 너무 좁아진 나머지 더 이상 참과 거짓, 폭력단의 변덕과 가장 순수한 이상을 분간할 줄 모른다." 화가/조각가 Barry Moser의 다음 기사에 인용된 말. "Redeeming the Time: A Symposium," *Image: Journal of the Arts and Religion* 42 (2004년 봄/여름): 78.

50) Furedi, *Therapy Culture*, 153.

51) Alison Elliot, *The Miraculous Everyday* (Edinburgh: Covenanters, 2005), 28. 허락을 받고 인용함.

52) 이 접근에 대해서는 다음 책을 참조하라. Christina Hoff Sommers and Sally Satel, *One Nation Under Therapy: How the Helping Culture Is Eroding Self-Reliance* (New York: St. Martin's Press, 2005). 이 책에서 저자들은 "개방성, 정서적 자기 몰두, 감정을 털어놓는 것 등을 인위적으로 정착시키려는"(5) 우리의 성향을 묘사하기 위해서 'therapism'이라는 말을 만들어 낸다. 그들은 정서적 절제 운동과 자기 의존에의 복귀를 부르짖는데, 불행히도 그 또한 자기 집착의 또 다른 형태에 지나지 않는다.

53) Joann Wolski Conn, *Women's Spirituality: Resources for Christian Development* (New York: Paulist, 1986), 3.

54) Thomas Moore, "Will We Take the Moral Values Challenge?" *Spirituality and Health: The Soul/Body Connection*, 2005년 1-2월, http://www.spiritualityhealth.com/newsh/items/article/item_9574.html (2005년 4월 8일 접속).

55) 이사야 53:6.

56) Howard Gardner는 "인간 발달의 전체 과정은 자기중심성의 지속적인 쇠퇴로 볼 수 있다"고 보았다. *Quest for Mind: Piaget, Lévi Strauss, and the Structuralist Movement*, 2판 (Chicago: University of Chicago Press,

1981), 63.
57) 무엇이 미국의 성공 이야기를 그토록 '망가진' 이야기가 되게 하는가에 대해서 더 자세한 내용은 다음 책을 참조하라. Daniel Taylor, *Tell Me a Story: The Life-Shaping Power of Our Stories* (St. Paul, MN: Bog Walk, 2001), 130.
58) 각 단계는 Rick Pitino가 Bill Reynolds와 함께 쓴 *Success Is a Choice: Ten Steps to Overachieving in Business and Life* (New York: Broadway, 1997)의 장 제목이다. 「성공을 부르는 승자의 조건」(현대미디어).
59) 레위기 14:4. 한센병을 포함한 전염성 피부병에 해당되는 의식이었다.
60) Louis Jacobs, "Metzora," *Jewish Preaching: Homilies and Sermons* (Portland, OR: Vallentine Mitchell, 2004), 118.
61) 유대교 랍비이자 철학자인 Nahmanides(1194-1270)는 자기 아들에게 이런 충고의 말을 해주었다. "네가 만나는 사람이 학식이나 인품이나 업적 면에서 분명히 너보다 낫다면 어차피 교만이 들어설 자리가 없다. 하지만 설령 네가 그런 면에서 그 사람보다 낫다고 해도 그로써 네 책임이 더 크다는 것을 명심하라. 하나님은 그분의 선물을 너에게 더 후히 주셨고 따라서 너에게 더 많은 것을 요구하신다." Jacobs, "Metzora," *Jewish Preaching*, 118에 인용되어 있다.
62) 예일대 교수 Harold J. Morowitz의 범주들을 엉망으로 만든 것에 대해서 그에게 사과를 표한다. *Ego Niches: An Ecological View of Organizational Behavior* (Woodbridge, CT: Ox Bow, 1977), 30-84.
63) Arthur O. Roberts, *The Atonement*, http://www.quakerinfo.com/atonement.shtml (2005년 4월 7일 접속).
64) Luther B. Bridgers가 1910년에 지은 찬송가 "He Keeps Me Singing"의 2절과 4절로 다음 책에 나온다. *Hymns of Praise Numbers One and Two Combined for the Church and Sunday School*, F. G. Kingsbury 편찬 (Chicago: Hope Publishing, 1926), 363. 찬송가의 배후 이야기는 다음 책에서 볼 수 있다. William Jensen Reynolds, *Hymns of Our Faith: A Handbook for the Baptist Hymnal* (Nashville: Broadman, 1964), 210, 258-259.
65) 시편 23:6.
66) 시편 27:8에 나오는 "내가 주의 얼굴을 찾으리이다"는 John Updike의 2003년 소설 *Seek My Face*의 주제 구절이 되었다. Updike의 첫 소설[*Poorhouse*

Fair(Greenwich, Conn.: Fawcett, 1958)]과 20번째 소설[*Seek My Face* (New York: Alfred A. Knopf, 2002),「내 얼굴을 찾으라」(영림카디널)]이 같은 하루 동안에 벌어진다는 사실에 어떤 의미가 있는지(의미가 있다면) 나는 아직도 알아내려고 하는 중이다.

67) 시편 27:4, 8-9.
68) Brian Volck, "A Conversation with Gil Bailie," *Image: A Journal of Arts and Religion* 41 (2003년 겨울): 63-77,71.
69) *Esquire*지 '영웅들' 판의 표지에 실렸을 때. 다음 책에 인용된 말. Fred Rogers, *You are Special: Words of Wisdom from America's Most Beloved Neighbor*(New York: Viking, 1994), 115.
70) Volck, "A Conversation," 71.
71) Volck, "A Conversation," 71.
72) 가면과 '참 색깔'에 대한 더 자세한 내용은 다음 책을 참조하라. Leonard Sweet, *Jesus Drives Me Crazy*(Grand Rapids, MI: Zondervan, 2003), 41-50.「나를 미치게 하는 예수」(IVP).
73) James H. Olthuis, "Crossing the Threshold: Sojourning Together in the Wild Spaces of Love," in Smith and Venema 편집, *Hermeneutics of Charity*, 33.
74) 이 인용문의 출전을 알려 줄 수 있는 독자가 있다면 WaterBrook Press, 12265 Oracle Boulevard, Suite 200, Colorado Springs, Colorado 80921로 보내 주기 바란다. 이 책의 다음 판에 그 출처를 밝히고자 한다.

5. '사랑한다': 새로운 성품

이번 장의 제사는 다음 책에서 온 것이다. Teresa of Avila, *Interior Castle*, Kieran Kavanaugh and Otilio Rodriguez 번역 (New York: Paulist, 1979), 70,[4.1.7].

1) Gregory McNamee, *Gila: The Life and Death of an American River*(New York: Orion, 1994), 147-148.
2) Black Eyed Peas, "Where Is the Love?" www.lyricsondemand.com/b/blackeyedpeaslyrics/whereisthelovelyrics.html (2005년 11월 21일 접속).
3) *Saint Thérèse of Lisieux: Her Last Conversations*, John Clarke 편집 및 번역 (Washington DC: Institute of Carmelite Studies, 1977), 217.
4) Zygmunt Bauman, *Liquid Love: On the Frailty of Human Bonds*(Malden,

MA: Blackwell, 2003), viii.
5) 다음 책에 나오는 이야기를 각색한 것이다. Adin Steinsaltz, *Simple Words: Thinking About What Really Matters in Life*, Elana Schachter and Ditsa Shabtai 편집(New York: Simon and Schuster, 1999), 190-191.
6) Sam Keen이 그렇게 주장한다. 이런 정서는 Erich Segal의 베스트셀러 소설 *Love Story*(New York: New American Library, 1970), 91,131에서는 물론 영화 *Love Story*에서 인용된 것이다.
7) 누가복음 7:47 참조.
8) *Kierkegaard's Concluding Unscientific Postscript*, David F. Swenson and Walter Lowrie 번역(Princeton, NJ: Princeton University Press, 1941), 205.
9) 누가복음 10:27과 신 6:5 참조.
10) Nashville, Tennessee의 Glenmary Research Center에서 실시한 연구에 보고된 것으로 다음 기사에 인용되었다. Rachel Zoll, "Religion: Evangelical Faiths, Mormon Church Grow Rapidly: Survey: Membership of Liberal Protestant Denominations Declined in the Past Decade, National Study Finds," *Los Angeles Times*, 2002년 9월 21일, B21.
11) 요한복음 15:13.
12) Church of Scotland's Greyfriars Christmas Day Message, 2004년, http://www.churchofscotland.org.uk/serving/scotland/downloads/modchristmasspeech04.txt에 인용된 말(2005년 9월 3일 접속).
13) Gregory F. MacLeod, "A Chaos of Uncalculating Love," *The Whole Earth Shall Cry Glory: Iona Prayers* (Isle of Iona: Wild Goose Publications, 1985), 40, www.ionabooks.com. 허락을 받고 인용함.
14) MacLeod, "A Chaos of Uncalculating Love," 40, www.ionabooks.com. 허락을 받고 인용함.
15) 에베소서 2:21, 고린도전서 3:16, 고린도후서 6:16 참조.
16) 출애굽기 25:21-22 참조.
17) 에베소서 3:18-19.
18) 에베소서 3:19.
19) 다음 글을 참조하라. Ignacio Ellacuría, "Utopia and Prophecy in Latin America," James Brockman 번역, Mysterium Liberationis, Ignacio Ellacuría and Jon Sobrino 편집 (Maryknoll, NY: Orbis, 1993), 315-316, 324.

20) 그리스어 단어는 *politeumai*이다. 빌립보서 1:27 참조(개역 난외주—역주).
21) Pope John Paul II, Sacred Congregation for the Doctrine of the Faith에 준 "'해방 신학'의 특정 측면들에 대한 교시," 1984년 8월 6일. *Catholic Library: Instruction on "Theology of Liberation,"* http://www.newadvent.org/library/docs_df84lt.htm (2005년 9월 4일 접속).
22) 랍비 Chananiah의 말로 다음 책에 인용되어 있다. *Pirke Aboth: Sayings of the Fathers*, Isaac Unterman 편집 (New York: Twayne, 1964), 160.
23) 시편 101:2.
24) 마태복음 18:20.
25) 마태복음 28:20.
26) 영화 *A Beautiful Mind*의 종결부에 나오는 John Nash(Russell Crowe 분)의 대사, Ron Howard 감독(Universal City, CA: Universal Pictures, 2001). 아울러 Akiva Goldsman 각본, *A Beautiful Mind: The Shooting Script* (New York: Newmarket, 2002), 117도 참조하라.
27) James H. Olthuis, *The Beautiful Risk: A New Psychology of Loving and Being Loved*(Grand Rapids, MI: Zondervan, 2001), 71.
28) 요한일서 4:19.
29) 「미녀와 야수」에서 야수는 그렇게 흉측하게 생긴 자신을 미녀가 정말로 사랑한다는 것을 알고 나서야 비로소 아름다워진다." Frederick Buechner, *Wishful Thinking: A Theological ABC*(New York: Harper, 1973), 85.
30) Ellacuría, "Utopia and Prophecy," 312.
31) Anders Nygren, *Kristna Kärlekstanken* (Stockholm: Svenska Kyrkans Diakonistyrelsen, 1930-1936), 역제 *Agape and Eros*, Philip S. Watson 번역(Philadelphia, PA: Westminster, 1953), 1:236. 「아가페와 에로스」(크리스챤다이제스트).
32) 요한일서 4:7-8.
33) 요한일서 4:9-10.
34) 유대교 하시디즘 운동(Hasidic movement of Judaism)을 창설한 우크라이나인 Baal Shem Tov의 말로 알려져 있다.
35) Maya Angelou, *Wouldn't Take Nothing for My Journey Now*(New York: Random House, 1993), 75.
36) Philip P. Bliss, "Jesus Loves Even Me," *Memoirs of Philip P. Bliss*, D. W. Whittle 편집 (New York: A. S. Barnes, 1877), 130. (우리말 찬송가 241장).

37) 고린도전서 13:13.
38) Austin Farrer, "The Country Doctor," *Austin Farrer: The Essential Sermons*, Leslie Houlden 편집(Cambridge, MA: Cowley, 1991), 206.
39) 고린도전서 14:1, MSG.
40) James H. Olthuis, "Crossing the Threshold: Sojourning Together in the Wild Spaces of Love," *Hermeneutics of Charity: Interpretation, Selfhood, and Postmodern Faith*, James K. A. Smith and Henry Isaac Venema 편집 (Grand Rapids, MI: Brazos, 2004), 38.
41) 이사야 66:1.
42) 시편 11:4.
43) John Agard, "Anancy's Thoughts on Hospitality," *Weblines* (Newcastle upon Tyne: Bloodaxe, 2002), 58의 첫 석 줄이다. 허락을 받고 사용함.
44) Fromme의 이 인용문은 Ron Hutchcraft, 5 *Needs Your Child Must Have Met at Home*(Grand Rapids, MI: Zondervan, 1994), 101에서 온 것이다. 그녀의 삶에 대한 더 자세한 이야기는 다음 책을 참조하라. Jess Bravin, *Squeaky: The Life and Times of Lynette Alice Fromme* (New York: St. Martin's, 1997), 15-47. 왜 자신이 Manson을 추종했는가에 대한 "Squeaky" Fromme의 다른 버전의 설명은 이렇다. "개는 자기를 사랑해 주고 돌보아 주는 사람한테 가게 마련이다." Richard Steele, "The Story of Squeaky," *Newsweek*, 1975년 9월 15일, 18.
45) 요한일서 4:7, MSG.
46) "너희가 칭찬을 바랄 수 있겠느냐?" 누가복음 6:32, MSG.
47) 에스겔 36:26.
48) 죽기 6년 전에 한 설교에 나오는 말로 다음 책에 인용되었다. Grace Adolphsen Brame, *Faith, the Yes of the Heart* (Minneapolis: Augsburg, 1999), 17.
49) 집회서(Sirach) 17장에서 풀어 쓴 말로 다음 글에 인용되어 있다. Bruno Cortis, MD, "Win with Your Heart Intelligence," http://www.brunocortis.com/win.htm (2005년 9월 20일 접속). 예루살렘 성경 역에는 이렇게 되어 있다. "여호와께서 인간에게 생각할 수 있는 마음을 주셨다.… 그분은 그들의 마음속에 그분 자신의 빛을 두셔서, 그분의 행사들의 위엄을 보여 주셨다"(17:6/5-8/7).
50) 다음 글에 인용되어 있다. *Sowing Seeds of Hope—Beginning World*

Vision, http://www.worldvision.org.tw/english/wv1.html (2005년 9월 3일 접속).

51) 존 웨슬리(John Wesley)는 사역 기간 내내 매주 15편 이상의 설교를 했다. 총 5만 편에 가까운 자신의 설교 가운데 웨슬리가 개인적으로 가장 좋아한 것은 '마음의 할례'라는 설교였다. 사랑만이 '마음에 할례를 줄' 수 있다는 주제였다. 사랑으로 할례 받은 마음으로부터 하나님은 우리에게 새 마음을 주신다. 그것이 하나님 임재의 약속이다. 웨슬리가 가장 좋아한 이 설교에 대한 더 자세한 내용은 John Wesley, "The Circumcision of the Heart," *The Works of John Wesley*, 1권, Sermons 1-33, Albert C. Outler 편집 (Nashville: Abingdon, 1984), 401-414를 참조하라. 존 웨슬리의 설교들에 대한 더 자세한 내용은 www.Bibleteacher.org. Classical Biblical Christianity—Sermons in the File Cabinet, http://www.bibleteacher.org/sermons2b.htm을 참조하라(2005년 8월 24일 접속). 이 웹사이트의 정보에 따르면 웨슬리는 60년 동안 매년 평균 800편의 설교를 했다. 내 계산이 맞는다면 평생 총 4만8천 편이 되는 셈이다.

52) C. S. Lewis, *The Four Loves* (New York: Harcourt, Brace and World, 1960), 169. 「네 가지 사랑」(홍성사).

53) 사랑을 말한다는 것은 또한 그 반대인 악에 대해서 말해야 한다는 뜻이기도 하다. 사랑의 관계에 빠지는 것은 곧 악의 종말이다.

마지 볼터(Margie Balter)는 로스앤젤레스를 기반으로 특이한 사업을 하고 있다. 배우들을 상대로 그녀는 바흐 음악을 가짜로 연주하는 법, 정말 피아노를 치는 것처럼 보이게 치는 척하는 법에 대한 특강을 실시한다. 톰 크루즈, 스칼렛 요한슨, 샌드라 블럭 같은 배우들이 볼터에게 와서 도움을 받는데, 그녀는 '젓가락 행진곡'부터 쇼팽까지 단 몇 주만에 떼어 준다.

이들 배우들 중에는 어려운 음악을 연주하는 흉내를 아주 잘 내는 사람들도 있다. 그러나 볼터는 초짜인지 전문가인지 드러나는 한 가지 숨길 수 없는 표시가 있다고 말한다. 진짜 피아니스트는 "손가락이 언제나 건반 위를 떠나지 않는다"고 그녀는 말한다.

사랑의 손가락도 언제나 건반 위를 떠나지 않는다. 연주가 어려워지고 멋진 화음이 나오지 않을 때에도 사랑은 그 자리를 지킨다. 우리는 사랑 안에서 멀리까지 간다. 세상에 있는 악을 덜 보기 때문이 아니라 오히려 더 보기 때문이다. 존재하는 모든 것을 보면서 우리는 더 사랑한다.

마지 볼터에 관한 더 자세한 이야기는 다음 기사를 참조하라. Meline

Toumani, "The 60-Day Course in Perfect Fake Piano Playing," *New York Times*, 2005년 7월 10일, 2.1.

54) 지성소 안의 연례 의식에서 대제사장이 혹시 부정하여 죽임을 당하게 될 경우에 대비하여 허리에 줄을 매도록 되어 있었던 것은 잘 알려져 있다. 그러나 이방인들이 성전에서 조금이라도 더 앞으로 나아가면 벌로 죽임을 당한다는 경고에 대해서는 언급이 많지 않았다(행 21:28 참조).

55) 오하이오 주 클리블랜드에 있는 '무제한 사랑 연구소'(The Institute for Research on Unlimited Love, IRUL)는 사랑에 대한 과학적 연구를 장려하고, 피상적이지 않은 깊은 사랑이 삶에 미치는 영향을 탐구하는 기관이다. 이런 기관이 존재한다는 사실이 놀랍다. 과학은 인간의 부정적 행동의 영향을 연구하기를 좋아한다. 예컨대 전문가의 검토를 거친 과학적 연구 중 우울에 관한 것은 십만 편이 넘지만 행복에 관한 것은 7편뿐이다.

이 연구소는 '무제한 사랑'을 이렇게 정의한다. "사랑의 정수는 다른 사람들의 행복을 감정적으로 긍정하고 사심 없이 즐거워하며, 그들을 돌보고 섬기는 행위에 실제로 몸담는 것이다. 무제한 사랑이란 이 사랑을 예외 없이 모든 사람에게 지속적으로 일관되게 베푸는 것이다. 지고한 형태의 덕으로 널리 알려진 무제한 사랑은, 모든 실체의 필수적 기초인 창의적 임재(Creative Presence)로 여겨질 때가 많다. 영성의 가장 충만한 경험은 무제한 사랑에 참여함으로 이루어진다."

무제한 사랑의 정의는 The Institute for Research on Unlimited Love, Welcome letter, http://www.unlimitedloveinstitute.org/welcome/index.html에서 따온 것이다(2005년 4월 10일 접속). 사랑의 과학적 연구에 관한 더 자세한 내용은 Kristin Ohlson, "Love Doctors: Scientists Study the Value of Selflessness," *Utne*, 2005년 1-2월, 24-27을 참조하라. 아울러 이타주의에 관한 연구인 Elliot Sober and David Sloan Wilson, *Unto Others: The Evolution and Psychology of Unselfish Behavior* (Cambridge: Harvard University Press, 1998)도 참조하라. 이 책은 "성인(聖人)도 자신의 희생의 삶을 천국행 티켓으로 본다면 이기적인 사람으로 간주될 수 있다"(17)는 말로 시작된다.

56) "What Wondrous Love Is This," *The Southern Harmony and Musical Companion, Containing a Choice Collection of Tunes, Hymns, Psalms, Odes, and Anthems Selected from the Most Eminent Authors in the United States*… William Walker 발행, Glenn C. Wilcox 편집 (Lexington,

Ky.: University Press of Kentucky, 1987, 1854년판의 재판), 252. 아울러 다음 웹사이트도 참조하라. "What Wondrous Love Is This," 일각에서 Alexander Means의 작사로 알려진 USAmerican folk hymn, 곡 출전 *The Southern Harmony*, 1835, http://www.cyberhymnal.org/htm/w/h/a/whatwond.htm (2005년 4월 9일 접속).

57) Daniel Swift, "Chronicle Dating: What's Love Got To Do With It?" *New York Times Book Review*, 2005년 4월 3일, 31.

58) Frank Tallis, *Love Sick: Love as Mental Illness* (New York: Thunder's Mouth, 2005), 60.

59) Tallis, *Love Sick*, 9. Tallis는 "로맨틱한 관계에 빠져 있다는 것은 걱정, 어리석음, 강박, 고뇌, 무모함, 호기심, 모험 등 수많은 함축적 의미가 담겨 있는 고백이다"라고 덧붙인다.

60) 역사가 Lawrence Stone, 사회학자 Anthony Giddens, 심리학자 Ethel Spector Person이 그렇게 말한다. 다음 기사를 참조하라. J. Davis, "Literate Cultures, Oral Asides," *TLS: Times Literary Supplement*, 1999년 7월 30일, 6.

61) 창세기 29:20.

62) David Yount, *Celebrating the Rest of Your Life* (Minneapolis: Augsburg, 2005), 136.

63) Mother Teresa, *The Path of Love: Stories*, "Joy and Prayer," http://home.comcast.=net/~motherteresasite/stories.html (2005년 4월 11일 접속).

64) Serge Moscovici, *Society Against Nature: The Emergence of Human Societies* (Atlantic Highlands, NJ: Humanities, 1976), 149.

65) 사회학자 Zygmunt Bauman은 우리가 알게 되는 것들과 거기에 대한 우리의 행동 사이의 점점 넓어지는 간극에 대해서 감명 깊게 쓰고 있다. 다음 책을 참조하라. Zygmunt Bauman, *Liquid Love: On the Frailty of Human Bonds* (Malden, MA: Blackwell, 2003), 97. 우리에게 'tele-vision'은 많지만 'tele-action'은 거의 없다고 Bauman은 말한다. *Liquid Love*, 96을 참조하라.

66) Katharine Craik, "Every Man in His Humour," *TLS: Times Literary Supplement*, 2005년 1월 7일, 23.

67) 아가 8:6하, NRSV. 아가 8:6의 이러한 해석에 대해서는 다음 주석을 참조하라. Roland E. Murphy, "Canticle of Canticles" *The New Jerome Biblical*

Commentary, Raymond E. Brown, Joseph A. Fitzmyer, and Roland E. Murphy 편집 (Englewood Cliffs, NJ: Prentice-Hall, 1990), 465.

68) 사람들은 굵은 장작이 연기를 피우고 있는 집은 절대로 벼락에 맞을 수 없다고 믿었다. 다음 책을 참조하라. Christopher Dewdney, *Acquainted with the Night: Excursions Through the World After Dark* (New York: Bloomsbury, 2004), 125-26.

69) 에로스를 아가페에 꼭 필요한 것으로 이해한 다른 사람들로는 Julian of Norwich와 보다 최근에는 L'Arche 공동체의 Jean Vanier가 있다. Gillian T. W. Ahlgren, "Julian of Norwich's Theology of *Eros*," *Spiritus* 5 (2005), 37-53.

70) 히브리서 12:29.

71) 고린도전서 3:15, KJV.

72) Mother Teresa, *The Path of Love: Stories*, "Joy and Prayer."

73) Nicholas Lash, *Holiness, Speech and Silence: Reflections on the Question of God* (Burlington, VT: Ashgate, 2004), 17.

74) 예수님의 계명의 황금률, 백금률, 티타늄률에 대해서는 Leonard Sweet, *Postmodern Pilgrims: First Century Passion for the 21st Century World* (Nashville: Broadman and Holman, 2000), 126-128을 참조하라. 「영성과 감성을 하나로 묶는 미래 교회」(좋은 씨앗).

75) 하나님을 아는 것이 곧 하나님을 사랑하는 것이라면 어째서 사랑이 명령인가 하는 C. D. C. Reeve의 반문을 참조하라. *Love's Confusions* (Cambridge: Harvard University Press, 2005), 2. Reeve는 또한 우리가 받은 명령은 우리 자신을 사랑하듯이 하나님을 사랑하라는 것이 **아니라** 우리 자신을 사랑하듯이 다른 사람들을 사랑하라는 것일 뿐임을 지적한다(14). 아울러 Zygmunt Bauman의 이 말도 참조하라. "자애(自愛)는 생존의 문제이며, 생존에는 명령이 필요 없다. 다른 생물체들(인간이 아닌)도 명령 없이도 아주 잘하고 있지 않은가. 다른 모든 생물체의 생존과 달리, **인간의** 생존은 자신을 사랑하듯이 이웃을 사랑하는 데서 온다. 자애의 이 연장(延長) 내지 초월이 없다면 신체적, 물리적 목숨이 길어진다 해도 그 자체로는 아직 **인간의** 생존이 아니다. 그것은 인간을 짐승과(또—절대로 잊지 말라—천사와) 구별시켜 주는 그런 생존은 아니다. 이웃을 사랑하라는 계명은 타고난 본능에 거슬러 도전한다. 그러나 그것은 또한 본능적 생존의 의미와 그 생존을 보호하는 자애의 의미에도 거슬러 도전한다. Bauman, *Liquid Love*, 78-79.

6. '너를': 새로운 친밀함

이번 장의 제사는 다음 책에서 온 것이다. Joseph H. Hertz, *Sayings of the Fathers, or, Pirke Aboth, the Hebrew Text, with a New English Translation and a Commentary*(New York, Behrman, 1945), 95. 아울러 다음 웹사이트도 참조하라. http://www.gutenberg.org/catalog/world/readfile?fk_files=26057&pageno=14.

1) 신명기 6:4-9 참조.
2) 신명기 11:13-21 참조.
3) Louis Jacobs, "Ekev," *Jewish Preaching: Homilies and Sermons* (Portland, OR: Vallentine Mitchell, 2004), 185.
4) 창세기 2:18.
5) 여배우 Jamie Lee Curtis의 말로 다음 기사에 인용된 말이다. Craig Wilson, "How Much Would Make You Smile," *USA Today*, 2004년 12월 27일, http://www.usatoday.com/life/lifestyle/20041226moneyhappiness_x.htm (2005년 4월 11일 접속).
6) William Mawell, *So Long, See You Tomorrow*(New York: Alfred A. Knopf, 1980), 131.
7) John Mbiti, "The Contribution of Africa to the Religious Heritage of the World," Report Divine Love Retreat and Conference Centre, Enugu, Nigeria, 2001년 1월 8-13일, World Council of Churches, http://www.wcccoe.org/wcc/what/interreligious/cd3714.html (2005년 8월 19일 접속). 아울러 John Mbiti, *African Religions and Philosophy*(London: Heineman, 1969), 214도 참조하라.
8) 요한복음 10:30.
9) 누가복음 11:1.
10) 내가 제일 좋아하는 기도의 정의는 어느 부부에게서 나온 것이다. "두 사랑하는 이가 함께 사랑을 나누는 것." 다음 책을 참조하라. Mark and Patti Virkler, *Communion with God* (Shippensburg, PA: Destiny Image, 1990), 49.
11) 고린도전서 12:21.
12) 모더니즘은 소통 단절의 또 다른 이름이었다. 독처하는 사회에서는 모든 사람이 혼자이고 일인이다. 심지어 함께일 때도 우리는 따로따로 함께 산다. 독처하는 사회에서 '자유'란 다른 사람들과 함께 뭔가를 할 수 있는 자유라기

보다는 다른 사람들로부터 벗어나는 자유를 뜻한다. 독처하는 사회에서 가정은 우리를 이웃들 및 지역사회와 이어 주려고 있는 것이 아니라 우리를 서로에게서 보호하기 위해 존재한다. '대문 달린 성(城)들'과 '담장 둘린 단지들'에 대한 더 자세한 내용은 다음 기사를 참조하라. Gary Gumpert and Susan J. Drucker, "The Mediated Home in the Global Village," *Communication Research* 25, no. 4 (1998): 429.

13) 이 인용문의 다른 버전과 랍비들의 더 자세한 논의를 보려면, Tractate Berakhot, Jacob Neusner 번역, *The Talmud of Babylonia I* (Chico, CA: Scholars, 1984), 409-411 [61A]를 참조하라.

14) Gregory of Nazianzen, *Oratorio* 40.41. 다음 책에 인용되었다. Thomas F. Torrance, *Trinitarian Perspectives: Toward Doctrinal Agreement* (Edinburgh: T and T Clark, 1994), 26.

15) 다음 책에 인용된 말. Anouar Benmalek, *The Lovers of Algeria*, Joanna Kilmartin 번역 (St. Paul, MN: Graywolf, 2004), [iii].

16) 가정 추론(counterfactual reasoning)의 예로는 다음 책을 참조하라. *What Might Have Been: Leading Historians on Twelve "What Ifs" of History*, Andrew Roberts 편집 (London: Weidenfeld and Nicholson, 2004).

17) Howard Gardner, *Changing Minds: The Art and Science of Changing Our Own and Other People's Minds* (Bosgon, MA: Harvard Business School Press, 2004), 263.

18) 창세기 12:1.

19) Louis Jacobs, "Lekh Lekha," *Jewish Preaching: Homilies and Sermons* (Portland, OR: Vallentine Mitchell, 2004), 35.

20) 창세기 4:9.

21) 히브리서 13:3을 Arthur C. McGill이 번역한 것, *Death and Life: An American Theology* (Philadelphia: Fortress, 1987), 89.

22) 고린도전서 12:21(우리말성경).

23) 고린도전서 12:26.

24) Irving Singer, *The Nature of Love*, 제2권, *Courtly and Romantic* (Chicago: University of Chicago Press, 1984), 195-205.

25) "어떤 인간도 혼자만의 섬이 아니다.… 누구든지 한 사람이 죽으면 나도 작아진다. 내가 인류에 속해 있기 때문이다. 그러므로 누구를 위하여 종이 울리는지 알아보려고 절대로 사람을 보낼 일이 아니다. 종은 당신을 위하여 울린

다." John Donne, [Meditation 17], *Devotions Upon Emergent Occasions, and Severall Steps in My Sickness* (London: 1624), in John Donne, *Devotions Upon Emergent Occasions*, Anthony Raspa 편집 (Montreal: McGill-Queens's University Press, 1975), 87.

26) 전도서 4:9-10.
27) 마태복음 18:20.
28) "둘이면 짝, 셋이면 군중"(속담 "Two's compay and three's crowd"의 직역—역주)이라면, 넷과 다섯은 무엇인가? 혁명적 생각이다.
29) 정확한 인용문은 "셋과 3백만 사이보다 둘과 셋 사이에 나락이 더 넓다"이다. G. K. Chesterton, *Alarms and Discursions* (New York: Dodd, Mead, 1911), 181. http://wikisource.org/wiki/Alarms_and_Discursions (2005년 8월 21일 접속).
30) 이 대화는 1964년 영화 *Zorba the Greek*, 비디오리코딩, Michael Cacoyannis 각본(Beverly Hills, CA: Twentieth Century Fox, 2004)에서 온 것이다. Nikos Kazantzakis, *Zorba the Greek* (New York: Simon and Schuster, 1952), 13에 나오는 다음 말을 각색한 것이다. "내 앞의 다른 모든 사람들과 마찬가지로 나는 도랑에 거꾸로 처박혔다. 나는 결혼했다. 내리막 길로 갔다. 나는 가장이 되었고, 가정을 이루었고, 자식들을 두었다―골칫거리다."
31) 출처가 Saint Teresa of Avila로 알려진 유명한 말로, "응답되지 않은 기도들보다 응답된 기도들 때문에 흘리는 눈물이 더 많다." 다음 글에 인용되어 있다. James Campbell, "Homeless Houses: Cruelty, Loneliness, and Love in the Art of Truman Capote," *TLS: Times Literary Supplement*, 2004년 11월 5일, 4.
32) 허구 인물 Margaret Schlegel의 말을 들어 보라. "산문과 열정을 소통만 시키라, 그러면 둘 다 격상될 것이고, 인간의 사랑은 절정의 모습을 보일 것이다. 더 이상 단절되어 살지 말라." E. M. Forster, *Howard's End* (New York: Book of the Month Club, 19―), 214.
33) 요한복음 11:35.
34) 마가복음 14:32-42.
35) 요한복음 2:13-17.
36) 사랑이 '병들어' 일종의 정신질환에까지 걸릴 수 있듯이, 하나님을 사랑하는 것도 '상사병'에 걸릴 수 있다. 하나님을 사랑하되 정신질환의 차원에서 낭

만적으로 사랑하는 것이 가능하다. 그런 사랑은 피상적인 것들에 기초한 데다가 온갖 종류의 병에 걸리기 쉽기 때문에 오래가지 못한다. 친밀함에 대한 잘못된 이해는 상사병이 침투하기에 가장 좋은 국소들 가운데 하나다.

37) Sara Churchwell, "Love at the Barre," *TLS: Times Literary Supplement*, 2004년 12월 17일, 11.

38) Regina Barreca, *Perfect Husband (and Other Fairy Tales): Demystifying Marriage, Men, and Romance* (New York: Harmony, 1993), 65.

39) 이것은 Walter J. Burghardt의 열세 번째 설교집, *To Be Just Is to Love: Homilies for a Church Renewing* (New York: Paulist, 2001)의 가장 중요한 주제다.

40) 아이작 뉴턴이 발견한 것들을 상세히 색인으로 정리한 최근의 전기로 Patricia Fara, *Newton: The Making of Genius* (New York: Columbia University Press, 2002)가 있다.

41) 다음 기사를 참조하라. Loenard Sweet, "The Revelation of Saint John and History," *Christianity Today*, 1973년 5월 11일, 9-10.

42) 다음 책에 인용된 말. Petr Beckmann, *A History of Pi*, 2판 (Boulder, CO: Golem, 1971), 135.

43) Will L. Thompson, "Jesus Is All the World to Me" (1904), *Hymns of Praise Numbers One and Two Combined for the Church and Sunday School*, F. G. Kingsbury 편찬 (Chicago: Hope Publishing, 1926), 354.

44) 다음 책에 인용된 말들. David Yount, *Celebrating the Rest of Your Life: A Baby Boomer's Guide to Spirituality* (Minneapolis, MN: Augsburg, 2005), 20.

45) 에베소서 5:2.

46) 테네시 윌리엄스(Tennessee Williams)는 퓰리처상을 수상한 자신의 1947년 작 희곡에서 마음의 욕망이 우리의 운명을 결정짓는 것을 똑똑히 보았다. 뉴올리언스 시에 욕망이라는 이름의 전차 노선과 묘소라는 이름의 전차 노선이 교차하는 지점이 있다. 이것을 이해하면 다 이해하게 된다. 꿈과 욕망(갈망)의 효력에 대한 완전히 다른 예증으로, 세상의 극단적 빈곤을 종식시키는 일은 불가능하지 않고, 비용이 많이 들지 않고, 어렵지 않다. 갈망만 있으면 된다.

47) Thompson, "Jesus Is All the World to Me," 354.

48) "사람은 누구나 자기에게 가장 즐거움을 주는 것에 끌려가게 마련이다."

Virgil, *The Pastoral Poems: The Text of the Eclogues*, [제2권 65행], E. V. Rieu 번역 (Baltimore: Penguin, 1949), 35.

49) 내 기억이 맞는다면 이 말을 맨 처음 한 사람은 Simone Weil일 것이다. 하지만 내가 이 말을 Mya의 노래 "Fear of Flying"에서 들었을 수도 있다. 그 노래에 "사랑은 모든 중력을 거스른다"는 소절이 나온다. http://www.lyricsfreak.com/m/mya/97213.html (2005년 8월 18일 접속).

50) 갈라디아서 6:10.

51) Victor Paul Furnish는 그렇게 주장한다. *Theology and Ethics in Paul* (Nashville: Abingdon, 1968), 204.

52) Lorraine Kisly, *The Prayer of Fire: Experiencing the Lord's Prayer* (Brewster, MA: Paraclete, 2004), 91. Paraclete Press, www.paracletepress.com의 허락을 받고 인용함.

53) Kisly, *The Prayer of Fire*, 91.

54) François, Duc de la Rochefoucauld, *Réflexions ou Sentences et Maximes Morales* (Paris: Éditions Garnier Frères, 1961), 149. *Reflections and Moral Maxims* [Philadelphia: David McKay, (연도 미상)], 144.

55) James Fenton, "In Paris with You," *Out of Danger* (New York: Farrar Straus and Giroux, 1994), 13.

56) "An Order for the Administration of the Sacrament of the Lord's Supper or Holy Communion II," *The Book of Worship for Church and Home… According to the Use of The United Methodist Church* (Nashville: Methodist Publishing, 1952), 383.

57) George Fox, "An Address to Friends in the Ministry," 1658년 Third Month에 The House of John Cook에서 열린 연차총회에서 한 강연, http://www.qhpress.org/quakerpages/qhoa/fox.htm (2005년 4월 9일 접속). 아울러 다음 책도 참조하라. *A Journal or Historical Account of the Life, Travels, Sufferings, Christian Experiences, and Labour of Love in the Work of…George Fox* (Philadelphia: Friends' Book Store), 299.

58) George Fox는 그 계시를 이렇게 묘사했다. "모든 인간은 그리스도의 신성한 빛으로 깨우침을 얻는다는 것을 이제 주 하나님이 그분의 보이지 않는 능력으로 내게 깨닫게 하셨고, 나는 그 빛이 모든 사람들 속을 비추는 것을 보았다." *Goerge Fox: An Autobiography*, Rufus M. Jones 편집 (Philadelphia: Ferris and Leach, 1919), 101, http://www.strecorsoc.org/

gfox/ch02.html (2005년 4월 9일 접속).

59) The Simple Way (Philadelphia)의 Shane Claiborne이 인용한 말. 디트리히 본회퍼가 실제로 한 말은 "기독교 공동체 자체보다 기독교 공동체에 대한 자신의 꿈을 더 사랑하는 사람들은, 본인의 개인적인 의도가 더없이 정직하고 진지하고 희생적일 수 있음에도 불구하고, 그 기독교 공동체를 망치는 사람들이 된다"이다. *Life Together: Prayerbook of the Bible*, Daniel W. Bloesch and James H. Burtness 번역 (Minneapolis, MN: Fortress, 1996), 36. 「신도의 공동생활」(대한기독교서회).

60) Elizabeth C. Clephane, "Beneath the Cross of Jesus," *Hymns of Praise Numbers One and Two Combined for the Church and Sunday School*, F. G. Kingsbury 편찬 (Chicago: Hope Publishing, 1926), 376. (우리말 찬송가 471장 2절).

61) J. Edward Chamberlin, *If This Is Your Land, Where Are Your Stories: Reimagining Home and Sacred Space* (Cleveland, OH: Pilgrim, 2003), 233.

62) 로마서 7:19.

63) George Jones, "Wrong's What I Do Best," *Walls Can Fall* (Universal City, CA: MCA Records, 1992).

64) Neil Wyrick, "Dealing with Difficult People," *Ministry*, 74 (2001년 7월): 5-6.

65) 그의 시각적인 수수께끼인 "Ascending and Descending," M. C. Escher, *The Graphic Work: Introduced and Explained by the Artist* (New York: Barnes and Noble, 1996), 15 [75번 판화]를 참조하라.

66) 세계 최대의 갑부 중 하나인 81세 Sumner Redstone은, 모든 기업가는 협상 테이블에 항상 뭔가를 남겨 놓아야 한다고 경고한다. 경쟁업체가 패배감을 안고 협상 테이블을 떠나게 해서는 절대로 안 된다고 그는 자기 동료들에게 경고한다. "양쪽 모두에게 좋은 거래가 좋은 거래다. 상대방이 패자가 되어 떠난다면, 그것은 그 거래 이후에도 삶이 있으며 우리가 다시 함께 일해야 할 수도 있다는 사실을 무시하는 처사다." *American Way* (Dallas), 2005년 3월 15일, 64에 인용된 말이다.

67) "The Duck and the Grapes," in "Silly Bird Stories," *Bird Humor and Jokes*, http://www.cockatielcottage.net/giggles.html? (2005년 10월 12일 접속).

68) 창세기 2:15 참조.
69) Tim Richardson, "Earthly Paradises," *TLS: Times Literary Supplement*, 2003년 6월 6일, 33.
70) Maureen Carroll, Earthly Paradises: *Ancient Gardens in History and Archaeology*(Los Angeles: The J. Paul Getty Museum, 2003), 83.
71) 시편 24:1.
72) 창세기 1:27-31, 2:7-9,15-17 참조.
73) David Petersen, *On the Wild Edge: In Search of a Natural Life* (New York: Henry Holt, 2005), 122.
74) D. H. Lawrence, *Sons and Lovers: Text, Background, and Criticism*, Julian Moynahan 편집 (New York: Viking, 1968), 173.
75) Jared Diamond, *Collapse: How Societies Choose to Fail or Succeed*(New York: Viking, 2005), 79-111.
76) 요한일서 4:19.

부록: 다양한 증거
이번 장의 제사는 고린도전서 9:22이다.
1) 사도행전 4:12, 빌립보서 2:9-11 참조.
2) 사도행전 17:22-28 참조.
3) 고린도전서 9:20.
4) 인간 게놈 프로젝트의 발견들에 대한 더 자세한 내용은 다음 기사를 참조하라. "Only Connect," in "Survey: The Human Genome," *Economist*, 2000년 7월 1일, 삽입물, 8.
5) 고린도전서 12:17-18 참조.
6) Thomas O. Chisholm, "Great Is Thy Faithfulness," *Devotional Hymns: A Collection of Hymns and Songs for Use in All Services of the Church, Including Sunday School, Young People's Meetings, Missionary and Mid-Week Services* (Chicago: Hope Publishing, 1935), 46. (우리말 찬송가 447장).
7) 사도행전 2:5.
8) Teresa of Avila, *The Interior Castle*, Kieran Kavanaugh 번역 (New York: Paulist, 1979), 35, [I.1.1].
9) 그 책은 결국 *The Far-Distant Oxus*라는 제목으로 1969년에 간행되었다.

10) Ransome은 계속해서 "마침내 당신의 책들을 읽게 될 사람들에 대해서라면, 그들 스스로 정리하도록 두십시오. 그들은 당신과 관계가 없습니다. 모든 좋은 책들은 **우연히 들어서** 알게 되는 것입니다." *Signalling from Mars: The Letters of Arthur Ransome*, Hugh Brogan 편집 (London: Jonathan Cape, 1997), 309.

11) 다음 책에 인용된 노래. *Devotional Selections from George Matheson*, Andrew Kosten 편집 (New York: Abingdon, 1962), 41. (우리말 찬송가 357장 1절을 직역한 것—역주).

12) 다음 책들을 참조하라. Peter Guralnick, *Last Train to Memphis: The Rise of Elvis Presley* (Boston, MA: Little, Brown, 1994). Peter Guralnick, *Careless Love: The Unmaking of Elvis Presley* (Boston, MA: Little, Brown, 1999).

13) EPIC은 체험적(experiential), 참여적(participatory), 풍부한 이미지(image-rich), 결합성(connective)의 머릿글자를 합한 단어다.

14) Kwame Anthony Appiah, *The Ethics of Identity* (Princeton, NJ: Princeton University Press, 2005), 213-272. 이 책의 의의에 대한 탁월한 비평으로, Jonathan Freedman, "A Rooted Cosmopolitan," *New York Times Book Review*, 2005년 6월 12일, 섹션 7, 16을 참조하라.

15) 미국 육군사관학교 생도들은 조국 수호를 배움과 동시에 1년 과정으로 타문화들을 답사해야 하며 중국어, 아랍어, 러시아어 같은 외국어를 필수로 택해야 한다.

16) Rudyard Kipling, "The English Flag," *Collected Verse of Rudyard Kipling* (Garden City, NY: Doubleday, Page, 1920), 128. 아울러 *Poetry of Rudyard Kipling, Full-Text*, http://www.everypoet.com/archive/poetry/Rudyard_Kipling/kipling_the_english_flag.htm도 참조하라(2005년 4월 9일 접속).

17) 이 통찰에 대해서는 Bruce Cook에 감사를 표한다.

18) Elvis Presley는 Mel Torme나 Frank Sinatra가 노래를 부를 때도 텔레비전에 총을 쏘았다고 하니까 비단 Robert Goulet만은 아니었다.

19) 이것은 나의 어머니 Mabel Boggs Sweet가 여러 번 했던 설교의 주제다.

20) Appiah, *The Ethics of Identity*, 241.

21) 다음 책을 참조하라. Philip Jenkins, *The Next Christendom: The Coming of Global Christianity* (New York: Oxford University Press, 2002), 2.

22) 다음을 참조하라. Harry Emerson Fosdick, "God of Grace and God of Glory," *The United Methodist Hymnal: Book of United Methodist Worship*(Nashville: The United Methodist Publishing House, 1989), 577.

23) 다음 기사에 인용된 Aimé Césaire의 말. Margaret Drabble, "Only Correct," *TLS: Times Literary Supplement*, 2005년 7월 27일, 12-13.

24) 데살로니가전서 4:16-17.

25) 요한계시록 22:20.

26) 마태복음 28:19 참조.

27) 마가복음 16:15, TNIV.

28) 종족 집단이란 "서로 공통된 유사성이 있다고 스스로 인식하는 개개인들의 큰 민족적 또는 사회적 집단"으로 구성된다. 이런 종족 집단 50개가 전 세계 총인구의 절반을 차지한다. Bill and Amy Stearns, *2020 Vision: Practical Ways Individuals and Churches Can Be Involved* (Minneapolis: Bethany, 2005), 179.

29) Stearns, *2020 Vision*, 180.

30) 2005년은 미국 국회에서 인종차별이나 성차별을 불법화하는 공민권법(Civil Rights Act)을 통과시킨 지 41년째 되는 해다. 다시 말해서 우리가 "그리스도 예수 안에서… 유대인이나 헬라인이나 종이나 자주자나 남자나 여자 없이"(갈 3:26, 28)라는 말의 의미를 깨닫는 데 거의 2천년이 걸린 셈이다.

31) Adam Kirsch, "Singing the Griot's Song," *TLS: Times Literary Supplement*, 2000년 10월 15일, 10.

32) 고린도전서 13:12.

33) 에베소서 4:16.

34) 이 중요한 통찰을 나는 다음 책에서 배웠다. Andrew F. Walls, *The Cross-Cultural Process in Christian History: Studies in the Transmission and Appropriation of Faith*(Maryknoll, NY: Orbis, 2002), 67. "타문화권에의 전파는 기독교에 꼭 필요한 것이었다. 그것은 기독교의 생혈이었고, 그것 없이는 믿음은 살아남지 못했을 것이다."

35) 요한계시록 7:9.

36) Stearns, *2020 Vision*, 182.

37) 이 접근에 대한 더 자세한 내용은 텍사스 주 Keller에 있는 NorthWood Church의 개척 목사 Bob Roberts의 근간 저서인 다음 책을 참조하라. *Transformation: How Glocal Churches Transform Lives and the World*

(Grand Rapids, MI: Zondervan, 2006), GlocalNet: http://www.glocalnetresources.com/, NorthWood Church: http://www.northwoodchurch.org/index.html (2005년 8월 22일 접속).

38) "그날에 이스라엘이 애굽과 앗수르로 더불어 셋이 세계 중에 복이 되리니 이는 만군의 여호와께서 복을 주어 가라사대 '나의 백성 애굽이여, 나의 손으로 지은 앗수르여, 나의 산업 이스라엘이여, 복이 있을지어다' 하실 것임이니라"(사 19:24-25). 이 인용구와 이사야 19장의 중요성에 대한 더 자세한 내용은 다음 글을 참조하라. Michael Nazir-Ali, "Culture, Conversation and Conversion: Some Priorities in Contemporary Mission," in *A.D. 2000 and Beyond: A Mission Agenda: A Festschrift for John Stott's 70th Birthday*, Vinay Samuel and Chris Sugden 편집 (Oxford: Regnum, 1991), 29.

39) 이사야 49:6.

40) 각각 요한복음 2:11과 누가복음 4:24-30 참조.

41) 여기에 대한 더 자세한 내용은 다음 책을 참조하라. Bill and Amy Stearns, *2020 Vision: Amazing Stories of What God Is Doing Around the World* (Minneapolis: Bethany, 2005), 140.

42) 누가복음 2:32.

43) 사도행전 13:47.

44) 베드로후서 3:12 참조.

45) 요한계시록 5:9.

46) 마태복음 24:14.

47) 다음 기사에 인용된 말. James Romaine, "On a Clear Night, I Can See the Sun: Tim Rollins and K.O.S. Test Faith's Possibilities," *Image: A Journal of Arts and Religion* 45 (2005년 봄), 47.

48) Thomas Schmidt, *A Scandalous Beauty: The Artistry of God and the Way of the Cross* (Grand Rapids, MI: Brazos, 2002), 118-119.

옮긴이 **윤종석**은 서강대 영어영문학과를 졸업하였으며, 미국 Golden Gate Baptist Theological Seminary에서 교육학(MA)을, Trinity Evangelical Divinity School에서 상담학(MA)을 공부했다.「마음과 마음이 이어질 때」,「남자는 무슨 생각을 하며 사는가?」,「하나님이 축복하시는 삶」,「하나님의 음성」,「놀라운 하나님의 은혜」,「모자람의 위안」,「의문을 벗고 신비 속으로」(이상 IVP),「재즈처럼 하나님은」(복있는사람),「영성 수업」(두란노) 등 다수의 책을 번역하였다.

가장 고귀한 세 단어 I LOVE YOU
참신한 통찰로 풀어 보는 그리스도인의 정체성, 성품, 친밀함

초판 발행_ 2009년 8월 12일
초판 2쇄_ 2010년 1월 20일

지은이_ 레너드 스윗
옮긴이_ 윤종석
펴낸이_ 신현기
책임편집_ 이진경

발행처_ 한국기독학생회출판부
판권 ⓒ_ 한국기독학생회출판부 2009
등록번호_ 제9-93호(1978.6.1)
주소_ 121-837 서울 마포구 서교동 352-18
대표 전화_ (02)337-2257 · 팩스_ (02)337-2258
영업 전화_ (02)338-2282 · 팩스_ 080-915-1515
IVP Books_ (02)3141-5321
홈페이지_ http://www.ivp.co.kr · 이메일_ ivp@ivp.co.kr
온라인 산책_ http://www.ivpbooks.co.kr
ISBN 978-89-328-1120-8

책값은 뒤표지에 있습니다.